DIE GESCHICHTE DES ERFOLGREICHSTEN JAGDFLIEGERS DER WELT

Raymond F. Toliver/Trevor J. Constable

Holt
Hartmann
vom
Himmel!

MOTORBUCH VERLAG STUTTGART

Umschlagzeichnung: Carlo Demand.
Einband und Umschlagkonzeption: Siegfried Horn.

Fotos im Innenteil: Chalif, Hartmann-Archiv, Krupinski, NASA,
Nowarra, Toliver, Rall, U.S.A.F., von der Schulenburg.

PT
2682
.066
H6
1972

Mai 1998

ISBN 3-87943-216-3

6. Auflage 1972.

INHALTSVERZEICHNIS

FÜR »USCH« – SIE HATTE GEWARTET

VORWORT

Als meine Freunde Colonel Raymond T. Toliver und Trevor J. Constable mich baten, das Vorwort zur Lebensgeschichte Erich Hartmanns zu schreiben, bin ich diesem Wunsch aus verschiedenen Gründen sehr gerne nachgekommen.

Zum einen ist es eine besondere Ehre für mich, dem erfolgreichsten Jagdflieger aller Zeiten, der im 2. Weltkrieg unter meinem Befehl geflogen ist, auf diesem Wege meine Wertschätzung zu bekunden.

Zum anderen sind »Bubi« Hartmann und ich seit seiner Heimkehr aus 10jähriger sowjetischer Kriegsgefangenschaft durch eine persönliche Freundschaft verbunden.

Wir sind beide der Meinung, daß sein Leben möglicherweise anders verlaufen wäre, wenn er 1945 meiner Bitte gefolgt und zu mir zum Me 262-Jagdverband gekommen wäre. Aber er wollte zu seiner Einheit an die Ostfront zurück — eine Entscheidung, die ihn ein Jahrzehnt harter und entbehrungsreicher Gefangenschaft in Rußland gekostet hat.

Zum dritten begrüße ich es besonders, daß die Lebensgeschichte Erich Hartmanns von zwei amerikanischen Autoren vorgelegt wird, die von der Gemeinschaft der deutschen Jagdflieger wegen ihrer Integrität und Fairneß besonders geschätzt werden.

Die Leistungen der deutschen Jagdflieger im 2. Weltkrieg fanden bereits durch zwei frühere Bücher dieser Autoren auch auf internationaler Ebene ihre Würdigung.

Erich Hartmanns unerreichte Zahl von 352 Luftsiegen wie auch seine anderen Leistungen werden durch das vorliegende Buch nicht nur bestätigt, sondern auch ins rechte Licht gesetzt.

Beeindruckend ist die Genauigkeit dieser Lebensgeschichte Hartmanns, die von seinen Freunden in jahrelanger Arbeit zusammengetragen wurde. Uns wird hier nicht nur ein weiterer Jagdflieger und Soldat geschildert, sondern ein Mann, der — aller soldatischen Rechte beraubt — in zehneinhalb einsamen langen Jahren einer Prüfung unterworfen war, wie sie selten einem Menschen abverlangt wird.

Daneben strahlt eine die Zeit überdauernde Liebe auf, wie man sie der Welt von heute mehr als anderes wünschen möchte.

Ich bin der Meinung, daß hier das bemerkenswerteste Buch vorliegt, das je über einen Jagdflieger geschrieben wurde – umso mehr, weil es sich um den führenden Jagdflieger aller Zeiten handelt, der diese Odyssee durchlebt hat.

Ich empfehle dieses Buch als wertvolle Bereicherung der Luftkriegsgeschichte und als einen weiteren Beitrag der Autoren zu gegenseitigem Vertrauen und Verstehen im internationalen Bereich.

Den Verfassern gehört unser Dank – wir ehemaligen Jagdflieger der Luftwaffe erkennen dankbar an, was sie geleistet haben.

Generalleutnant a. D. Adolf Galland
General der Jagdflieger 1941–1945

HEROISCH – WAS IST DAS?

Die Welt ist eine ständige Verschwörung gegen die Tapferen.

General Douglas MacArthur

Nach acht Jahren Kriegsgefangenschaft war den abgezehrten ehemaligen deutschen Soldaten im Lager Diaterka im Ural kaum ein Funke Lebenshoffnung mehr geblieben.

Durch eine vom Rachegedanken getragene sowjetische Regierung in den Tiefen Rußlands festgehalten, waren sie aller soldatischen und menschlichen Rechte beraubt. In der Heimat halb vergessen, von jeder humanitären Hilfe abgeschnitten, waren sie im wahrsten Sinne des Wortes verlorene Menschen. Nur wenige glaubten noch daran, Deutschland und die Angehörigen jemals wieder zu sehen.

Ihre Einstellung zum Leben hatte in der stoischen Apathie des Gefangenendaseins eine Grenze gefunden.

Ein Oktobermorgen des Jahres 1953 brachte aber mit den Gerüchten über die Ankunft eines einzigen deutschen Kriegsgefangenen neue Hoffnung.

Der Jagdflieger Erich Hartmann besaß die besondere geistige und persönliche Ausstrahlung, um den Lebenswillen seiner geplagten und entrechteten Mitgefangenen neu zu entzünden. Es war sein Name, den man sich in den kahlen Baracken von Diaterka zuflüsterte. Seine Ankunft glich einem Signal.

Als erfolgreichster Jagdflieger aller Zeiten war der Major Erich Hartmann Träger der Schwerter mit Brillanten zum Eichenlaub des Ritterkreuzes, der höchsten deutschen Auszeichnung.

Dieses äußere Zeichen für bewiesene Tapferkeit war für die Kriegsgefangenen in ihrer Lage ohne Bedeutung. Hartmann war für sie jener Held ganz anderer Schlachten, die in jahrelangem Kampf gegen die sowjetische Geheimpolizei ausgetragen wurden. Er war ein Symbol des Widerstandes. Sein wirklicher Wert als Mann und

Vorbild zeigte sich bei seiner Ankunft in Diaterka. Als der Gefangenenwagen in einer Staubwolke hielt, stürzten die hageren Lagerinsassen ins Freie und preßten sich gegen den Stacheldrahtzaun.
Die Staubwolke verzog sich. Die Neuankömmlinge sprangen unter den wachsamen Augen der bewaffneten Posten aus dem Fahrzeug. Aus der Gruppe der verhärmten Gefangenen hob sich ein drahtiger, mittelgroßer Mann mit flachsblonden Haaren und durchdringenden blauen Augen ab.
»Er ist es«, rief einer der Männer am Zaun. »Es ist Hartmann.«
Wie bei einem Fußballspiel brach die Menge in wilde Hochrufe aus. Der blonde Mann lächelte und winkte allen zu seiner Begrüßung Versammelten zu, was eine neue Welle von Hochrufen auslöste. Aufgeregte Wachposten brachten Hartmann und seine Mitgefangenen in die innere Drahtumzäunung. Auch diese Russen hatten schon von Hartmann gehört. Genau wie die entrechteten Deutschen, die sie in Diaterka zu bewachen hatten, wußten sie, daß hier ein echter Führertyp angekommen war – und dazu einer der wichtigsten und problematischsten Gefangenen der Sowjetunion.
Hartmanns besondere Art des Widerstandes, die ihn bei Hungerstreiks schon mehr als einmal an den Rand des Todes gebracht hatte, hatte im Vorjahr zu offener Rebellion im Lager Schachty geführt.
Als »Kriegsverbrecher« eingestufte deutsche Soldaten waren in den russischen Kohlenbergwerken um Schachty als Zwangsarbeiter eingesetzt. Erich Hartmann's Weigerung, zu arbeiten, führte zu einem kleinen Aufstand, der jeden in Rußland festgehaltenen Deutschen aufleben ließ. Die Begebenheit war für die Gefangenen, denen jede Flucht unmöglich war und deren Lebenswille bei dem täglichen Versuch des Widerstandes gegen die eigene Erniedrigung mehr und mehr erlahmte, Ansporn und neue Hoffnung.
Der diensthabende sowjetische Offizier und seine Mannschaft im Lager Schachty waren überwältigt worden. Hartmann, von seinen Kameraden aus der Einzelhaft befreit, wurde zum Kopf der Bestrebungen, die schockierenden Verhältnisse im Lager zu ändern.
Mit kühler Überlegung hatte er vielen deutschen Gefangenen von einer sinnlosen Flucht abgeraten und die Einsetzung einer internationalen Kommission zur Untersuchung der Verhältnisse im Zwangsarbeitslager Schachty gefordert.
Die Russen schäumten vor Wut. Aber sie konnten es nicht wagen, Hartmann zu beseitigen, sondern brachten ihn zur Einzelhaft in ein anderes Gefängnis bei Nowotscherkassk.

Einige am Schachty-Aufstand Beteiligte waren nach Diaterka verlegt worden und hatten dort die Geschichte verbreitet. Als Lager mit höchster Sicherheit stand Diaterka unter besonders strenger Disziplin. Trotzdem brachten die Kriegsgefangenen es fertig, Hartmann jubelnd zu empfangen. Diaterka hatte eine besondere innere Zone, den sogenannten Strafzug im Lager, für die wichtigsten in den Klauen der Sowjets befindlichen Deutschen.

Hinter diesem Stacheldraht schmachteten zusammen mit Angehörigen berühmter deutscher Familien und »Kriegsverbrechern« wie Erich Hartmann auch zwölf deutsche Generale. In russischen Augen war der blonde Mann, der in dem Lagerteil mit den höchsten Sicherheitsvorkehrungen so willkommen geheißen wurde, nicht mehr ein Soldat, der seine Pflicht nach den Gesetzen seines eigenen Landes und unter den traditionellen soldatischen Geboten erfüllt hatte.

Sein unnachgiebiger Widerstand gegen die sowjetische Geheimpolizei hatte seine Verurteilung als Kriegsverbrecher durch ein russisches Scheingericht ausgelöst.

Seit er 1945 von der amerikanischen Panzereinheit, der er sich mit seiner Gruppe vom JG 52 übergeben hatte, an die Russen ausgeliefert worden war, hatte sich Hartmann standhaft geweigert, für die Sowjets oder ihre Marionetten in Ostdeutschland zu arbeiten. Er hielt seinen Widerstand über 6 Jahre der Drohungen, Schmeicheleien und Bestechungsversuche hinweg aufrecht. Er widerstand sogar der Versuchung, sofort zu seiner Familie nach Deutschland heimkehren zu dürfen – unter der Bedingung, in seinem Heimatland als Sowjetagent zu arbeiten.

Nach 6 Jahren sahen die Sowjets dann ein, daß Hartmann sich nie dazu hergeben würde, ihre Ziele zu unterstützen. Daraufhin brachten sie ihn vor ein Tribunal, das ihn als Kriegsverbrecher zu 25 Jahren Zwangsarbeit verurteilte.

Seine Antwort war der Wunsch nach einer Kugel.

Die sowjetische Gefangenschaft wirkte als fortgesetzter und an den Kräften zehrender Test des menschlichen Charakters. Deutsche Männer aller Wesensart waren diesen zersetzenden Strapazen ausgesetzt. Viele waren ihnen nicht gewachsen.

Heute sammelt Amerika seine eigenen Erfahrungen der Schrecken der Gefangenschaft, denen viele seiner Söhne, ähnlich als Kriegsverbrecher gebrandmarkt, unter der Macht asiatischer Kommunisten ausgesetzt sind.

Auch der scheinbar unbezwingbare Erich Hartmann kannte den

Punkt des Zusammenbrechens. Wer sowjetische Gefängnisse über viele Jahre hinweg erduldet hat, ist davon überzeugt, daß jeder unter solch unmenschlichen Bedingungen den Punkt des Zusammenbruchs erreicht. Hohe Generale erwiesen sich in Rußland nicht stärker als einfache Soldaten und boten manchmal sogar ein weit jämmerlicheres Bild. Offiziere schnitten bei der Abwehr der Angriffe des NKWD nicht besser ab als etwa Unteroffiziere.

Alter, Erfahrung, Familienherkommen oder Erziehung – alle traditionellen Kräfte, die bei der Entwicklung des Charakters und des Intellekts eine Rolle spielen – boten wenig oder keinen Schutz gegen die Auflösung. Wer die Leiden am besten und am längsten überstand, gehörte zu jenen, die ihre Kraft aus einer von zwei Quellen schöpften.

Die Religion konnte einzelnen Männern in russischen Gefängnissen eine starke persönliche Abwehrkraft verleihen: Ob er seinen religiösen Glauben aus tiefster Überzeugung heraus oder als Fanatiker bewies, immer konnte der Mann des Glaubens seinen Fängern widerstehen. Die anderen, die ihre Redlichkeit bewahren konnten, gehörten zu jenen, die ein absolut harmonisches Familienleben geführt und deshalb Vertrauen zur Beständigkeit ihres Heimes und ihrer Ehe hatten. Diese Männer trugen so etwas wie einen Panzer der Liebe. Dieser geheimnisvolle Kraftquell gab ihnen Schutz und Ausdauer.

Erich Hartmann gehörte zur letzteren Gruppe. Seine Frau Ursula, von ihm »Usch« genannt, war in der Zeit seines Ausharrens unter sowjetischem Joch seine geistige und moralische Kraftquelle.

Als die glorreiche Seite des Krieges vorüber war und ihn der unzerreißbare schwarze Schleier der russischen Gefangenschaft von der übrigen Menschheit trennte, war sie das Licht seiner Seele. Sie hat ihn nie im Stich gelassen. Ohne sie hätte er nie die 10 Jahre der sowjetischen Gefangenschaft überstehen oder deren Folgen überwinden können.

Nach dem Urteil seiner Mitgefangenen war Erich Hartmann nicht nur einer der Ungebrochenen unter der sowjetischen Knute, sondern gehörte auch zu den wenigen echten Vorbildern.

Mit einer zu Ruinen zerbombten und zerschossenen Heimat und außer Kurs gesetzten militärischen Ordnungsprinzipien erkannten die deutschen Kriegsgefangenen nur den als Führer an, der sich in ihrer Mitte bewährt hatte.

Weder Dienstgrad und Auszeichnung, noch Alter und Erziehung

waren von Bedeutung. Auch mit Tricks und Raffinessen konnte niemand auf die Dauer Einfluß gewinnen.

In den russischen Gefangenenlagern gab es Generale, die verräterisch und feig waren, und Feldwebel, die plötzlich überragende Eigenschaften bewiesen; unbezwingbare Soldaten saßen Schulter an Schulter mit korrupten Offizieren.

Wer sich dort als Vorbild behauptete, gehörte im Hinblick auf Charakter, Willen und Ausdauer zu den besten deutschen Männern. Trotz seiner Jugend überragte Erich Hartmann, der bei seiner Auslieferung an die Russen 23 Jahre alt war, alle Kameraden als Vorbild. Er verstand es, sich selbst und viele seiner Mitgefangenen über 10 Jahre der unbeschreiblichen physischen und moralischen Erschwernisse hinweg aufrecht zu halten.

Selten in der Geschichte und schon gar nicht unter modernen Voraussetzungen war ein Kriegsheld solchen gezielten Erniedrigungen ausgesetzt. Diesen Leidensweg ungebrochen überlebt zu haben, ist mehr Zeugnis für seine Qualitäten als seine Kriegsauszeichnungen. Die Quellen für Erich Hartmanns Kraft lagen außerhalb der Reichweite des NKWD. Sie lagen in seiner Familienherkunft, seiner freien Erziehung und seiner Wahrhaftigkeit, bestärkt von der Liebe zu seiner Frau.

Sein Vater, als Mediziner der ruhige, anständige Mann mit dem Gefühl für seine Mitmenschen, verfügte über ein betont praktisches Wissen, das modernen Menschen häufig abgeht.

Seine Mutter, die noch lebt, war als junge Frau eine lebensoffene Extrovertierte, fröhlich, energisch, tatkräftig und abenteuerlustig. Dr. Hartmann liebte das stille Philosophieren über einem Glase Bier als Erholung von seinem Beruf.

Zur gleichen Zeit flog seine blonde Frau — und das war damals noch ganz ungewöhnlich — als Pilotin im Segel- oder Sportflugzeug.

Die Bereitschaft zu wagen und die Weisheit zu wissen, wie weit man gehen kann — Grundelemente, die Erich Hartmann zum erfolgreichsten Jagdflieger aller Zeiten machten — waren Charaktereigenschaften, die ihm seine Eltern vererbt haben. Diese und andere ererbte Begabungen vermischten sich mit seinen eigenen ausgeprägten Talenten. Er entwickelte einen feurigen Willen, wenn es darum ging, sich zu behaupten und durchzusetzen.

Im Zeitalter der Masseneffekte und Konformität blieb er ein unverbesserlicher Individualist. Er ist ein Kämpfer. Schöntun kann er nicht. Seine direkte, offene und draufgängerische Art hätte ihn nie zum Diplomaten qualifiziert. Er ist aber Sportsmann und liebt das »fair play«. In einer Zeit, in der der Wert des »fair play« schwindet, wirkt er in mancher Hinsicht wie ein Anachronismus. Wie der letzte Ritter könnte er vorwärts stürzen, um dem Gegner aufzuhelfen, den er gerade aus dem Sattel gestoßen hat.

Als Flieger tötete er manchen gegnerischen Piloten im Luftkampf. Im täglichen Leben wäre er aber nicht in der Lage, einen anderen bewußt zu verletzen. Er ist nicht religiös im herkömmlichen Sinn, bewunderte und achtete aber jene Deutschen, die in Rußland ihre Stärke in Religion und Glauben fanden. Er hielt sich an das Gewissen und fand darin den Ausdruck seines kämpferischen Herzens. Wie George Bernhard Shaw es einmal ausgedrückt hat: »Es gibt einen bestimmten Typ von Mann, der davon überzeugt ist, daß man bestimmte Dinge im Leben nicht tun darf, ganz egal welche Folgen für die eigene Person auch entstehen.« Einen solchen Mann kann man als religiös bezeichnen. Man kann ihn aber auch als Gentleman bezeichnen. Erich Hartmann's Ehrenkodex – in mancher Hinsicht seine Religion – hindert ihn, etwas zu tun, das er als falsch ansieht. Aus sich heraus wird er nie etwas tun, von dem er weiß, daß es falsch ist.

Für ihn gibt es eben nur Schwarz oder Weiß und deshalb kaum einen Spielraum für Zwischentöne. Er hat altmodische Moralvorstellungen, die er höchstwahrscheinlich von seinem Vater ererbt hat, und ein Gefühl für Treue, das ihm auch die Bewunderung der heutigen jungen deutschen Pilotengeneration eingebracht hat.

In der russischen Gefangenschaft hielt ihn hauptsächlich die Überzeugung aufrecht, daß zu Hause alles in Ordnung sei.

Dachte Hartmann wie ein ichbezogenes Individuum nur an sich und seine Frau? Nein. Er hätte sich einer russischen Gefangenschaft gar nicht auszusetzen brauchen. Kurz vor Kriegsende erhielten er und sein Kommodore Hermann Graf von General Seidemann den Befehl, eine Me 109 zu nehmen, das Geschwader in der Tschechoslowakei zu verlassen und nach Mitteldeutschland zurück zu fliegen. Der Befehl lautete, sich den Engländern zu ergeben.

General Seidemann wußte, daß die Russen Vergeltung für ihre Verluste in der Luft üben würden. Dieser Befehl, in die Sicherheit zu fliegen, war die letzte Anweisung von vorgesetzter Stelle, die Hartmann während des Krieges erhielt.

Der Geschwaderkommodore und sein junger Gruppenkommandeur

machten bewußt keinen Gebrauch von diesem Befehl. Tausende von deutschen Zivilflüchtlingen – Frauen, Kinder und alte Menschen – die meisten davon Verwandte der Männer, die in seiner Gruppe dienten, hatten sich seiner Einheit angeschlossen. Militärisch gesehen war ein Befehl ein Befehl, und er hätte gehorchen müssen. Stattdessen stellte er sich der Pflicht als Offizier und als Mensch, die er als unausweichlich ansah. Er blieb bei den schutzlosen Zivilisten, eine Entscheidung, die ihn mehr als 10 Jahre seines Lebens kostete.

Seine Bescheidenheit ist soviel Teil vom ganzen Menschen wie seine blauen Augen und sein blondes Haar.

Typisch für ihn ist, daß er den Autoren in den 12 Jahren der Freundschaft, die der Vorbereitung dieses Buches vorausgegangen sind, nie etwas von dem Befehl des Generals Seidemann erzählt hat. Der Hinweis darauf kam von anderen. Als er daraufhin angesprochen wurde, zuckte er nur die Schultern. Gegen sich selbst unnachgiebig, konnte er doch einem Kameraden vergeben, der unter dem sowjetischen Druck schwach geworden war. Jeder hatte einen Punkt, an dem er zusammenbrach.

Und für einige kam er früher als für andere. Aus dieser Sicht sah es jedenfalls Erich Hartmann. Wenn Mitgefangene zusammenbrachen, weil sie die Last einer in Abwesenheit durchgeführten Scheidung von ihrer in Deutschland lebenden Frau nicht verkraften konnten, dann konnte er mit guten Worten helfen oder die harte Wirklichkeit verständlich machen.

Als seine Entlassung aus Rußland 1955 durch Bundeskanzler Adenauer sichergestellt wurde, gab es noch eine große Zahl deutscher Kriegsgefangener, die in Rußland zurückblieben.

Auf dem Bahnhof Herleshausen, dem ersten freien Boden, den er nach 10 Jahren Gefangenschaft betreten konnte, gab es eine lautstarke und überschwengliche Begrüßung. Man sagte ihm, daß in Stuttgart nahe seines Heimatortes Weil im Schönbuch zu einem späteren Zeitpunkt eine große Feier geplant sei. Wichtige Persönlichkeiten des öffentlichen Lebens sollten daran teilnehmen.

Dünn und ausgemergelt, wie er dastand, schien Hartmann davon sehr bewegt zu sein. Dann überraschte er die zu seiner Begrüßung Erschienenen, indem er darauf bestand, daß ein solcher Empfang nicht stattfinden solle. Er sagte, er könne an einem solchen Fest nicht teilnehmen. Pressevertreter fragten ihn, warum er die herzliche Begrüßung in der Heimat, die ihm von seinen Mitbürgern in Stuttgart zugedacht sei, nicht annehmen wolle. »Weil die Russen eine andere Lebensauffassung haben als wir. Wenn sie von solch einem Fest hören oder lesen, könnten sie sich entscheiden, keine weiteren deutschen Kriegsgefangenen mehr zu entlassen. Ich kenne die Russen gut genug, um in diesem Zusammenhang zu befürchten, daß unsere Landsleute in der Sowjetunion weiter gefangen gehalten werden. Wenn sie alle zuhause sind, können wir feiern. In der Zwischenzeit dürfen wir nicht ruhen, bis alle in Rußland festgehaltenen deutschen Soldaten zurückgeführt sind.«

Das über zehn Jahre hinweg geführte Duell mit der sowjetischen Geheimpolizei hatte weiter zu Erich Hartmann's natürlicher Eigenschaft des direkten Wesens und seinem Durchsetzvermögen beigetragen. Das besaß er, bevor er in russische Hände fiel.

Selbst Reichsmarschall Göring, der im Dritten Reich nur eine Stufe unter dem lieben Gott zu stehen schien, war nicht in der Lage, Erich Hartmann das Fürchten zu lehren.

Im Januar 1944 besuchte Hartmann seine Mutter bei Jüterbog, zu einem Zeitpunkt, als die Luftverteidigung des Reiches mehr unter einem schwerwiegenden Mangel an Piloten als an Flugzeugen litt. Er landete auf einem Jagdfliegerplatz in der Nähe von Jüterbog, als das Wetter schlecht wurde. Obwohl er selbst erst 22 Jahre alt war, fielen ihm die besonders jungen Piloten der auf dem Platz stationierten Jägerstaffel auf. Er war daran gewöhnt, junge Männer als Neuzugänge bei seiner Einheit in Rußland zu sehen, aber diese Jungens hätten eigentlich noch die Schulbank drücken müssen.

Als er vom Besuch seiner Mutter zurückkam, stellte er fest, daß die Staffel in dem schlechten Wetter zum Einsatz starten mußte, obwohl es noch schlechter als vor wenigen Stunden bei seiner Landung geworden war. Die Jagdstaffel hatte den Auftrag, amerikanische Bomberverbände abzufangen. Mit ihrer unzureichenden Ausbildung und noch wenig praktischer Erfahrung waren 10 der Jungens in dem schlechten Wetter tödlich abgestürzt, ohne die Bomber überhaupt gefunden oder einen Schuß auf sie abgegeben zu haben.

Bei der Verleihung des Flugzeugführerabzeichens in Brillanten nahm Hartmann die Gelegenheit wahr und erzählte Göring den Vorfall. Er hielt mit seiner Meinung nicht hinter dem Berg und sagte, er halte es einfach für unverantwortlich, schlecht ausgebildete Piloten auch noch ins schlechte Wetter zu schicken. Er schlug vor, erst einmal bei gutem Wetter mit massierten Kräften die Bomber zu bekämpfen, denn wenn das gelingen würde, hätte man die erste echte Luftschlacht gewonnen.

Die Eltern.
Dr. Alfred Hartmann und seine Frau
Elisabeth auf einem Foto aus dem Jahr
1921. Der Vater war ein eher ernster
Mensch, die Mutter lebhaft und unter-
nehmungslustig – sie gehörte zu den
ersten Frauen, die Motor- und Segelflugzeuge flogen.

Erich Hartmann als Luftwaffenrekrut
im Jahr 1941.

Junge Liebe.
Erich Hartmann und
seine Braut Ursula
Paetsch, »Usch« ge-
nannt. Es ist das
Verlobungsfoto vom
14. Juni 1943. Das
Bild macht deutlich,
warum es wohl zu
dem Spitznamen
»Bubi« Hartmann
kam.

Drei Unzertrenn-
liche: Die Me 109,
Erich Hartmann und
sein Erster Wart
Karl Heinz Mertens.

Weil es in Erich Hartmanns Leben mehr als genug Schweres als auch Ruhmreiches gab, und weil er in Krieg und Frieden ein Kämpfer war, ist die leichtere Seite seines Naturells in den Berichten über ihn bis heute etwas zu kurz gekommen. Er genießt das Leben durchaus und hat die Fröhlichkeit seiner Mutter und ihren Humor.

Bei geselligen Zusammenkünften mit Freunden, alten Kameraden und jungen Piloten wird der alte Tiger zum Gesellschaftslöwen. In dem Mann steckt noch der Knabe und er ist ein Junge, der gerne spielt.

Seine Jungenhaftigkeit brachte ihm sofort den Spitznamen »Bubi« ein, als er 1942 an die Ostfront kam. Er war damals immer zu Scherzen aufgelegt, und sein Kamerad und enger Freund Walter Krupinski berichtet über eine Zeit, als Bubi Hartmann seine Clownerien sogar in der besonderen Umgebung Berchtesgadens ausübte, bevor er von Hitler persönlich ausgezeichnet wurde. Am 3. März 1944 begaben sich 4 führende Jagdflieger des Jagdgeschwaders 52 zu Hitlers Adlernest, um dort ausgezeichnet zu werden. Es waren Gerhard Barkhorn, Johannes »Kubanski Löwe« Wiese, Walter »Graf Punski« Krupinski und Bubi Hartmann.

Über sie alle wird in diesem Buch noch berichtet werden. Bei der hier erwähnten Verleihung sollte Barkhorn mit den Schwertern zum Eichenlaub, die anderen drei mit dem Eichenlaub zum Ritterkreuz dekoriert werden.

Die vier Männer hatten sich im Zug getroffen und sich auf dem Weg nach Salzburg mit dem Schaffner befreundet. Dieser wurde von den jungen Piloten angezogen, weil alle vier das Ritterkreuz am Halse trugen und alle vier glücklich, jung und freundlich waren. Der Schaffner brachte einen nicht endenwollenden Vorrat an Getränken aus seinem Abteil – Schnaps, Bier, Wein, Cognac. So schnell wie die Flaschen auftauchten, wurde ihr Inhalt von den Fliegern geleert.

Als der Schaffner sie dann in Berchtesgaden aus dem Zug setzte, waren sie bestimmt nicht in der Verfassung, vor ihrem Führer zu erscheinen. Als sie in die Bahnhofshalle torkelten, trafen sie mit dem großen, blonden Major von Below, Hitlers Luftwaffen-Ordonnanzoffizier zusammen. Als von Below die vier korrekt angezogenen Piloten in solch unziemlicher Verfassung sah, fiel er fast um. Sie sollten in weniger als zwei Stunden vor Hitler erscheinen. Es mußte sofort etwas unternommen werden.

Draußen herrschte das für die Alpen typische Märzwetter. Es lag etwa 8 cm Schnee, und aus den grauen Wolken rieselten ständig leichte Flocken. Die Temperatur betrug −4° C. Von Below gab dem Fahrer des wartenden Mercedes-Kabrioletts den Befehl, das Verdeck herunter zu lassen und die vier Herren durch die kalte klirrende Luft zum Berghof zu bringen.

Nach einer Fahrt über eiskalte Straßen durften sie zu einem kurzen Spaziergang aussteigen.

Sie waren noch weit davon entfernt, nüchtern zu sein, als sie auf dem Berghof eintrafen. Beim Betreten der Halle sah Hartmann an einem Kleiderständer eine Militärmütze hängen. Als er sah, daß sie mit Gold bestickt war, sagte er: »Oh, da ist ja mein Hut.« Er ging hinüber und stülpte sie sich schnell auf den Kopf, um sich von seinen Kameraden bewundern zu lassen. Sie brachen in Gelächter aus. Der »Hut« war ihm über die Ohren gerutscht – die Mütze Größe 58 saß auf einem Kopf Größe 56. Von Below beteiligte sich nicht an dem Gelächter. Er eilte hinzu und riß die Mütze von Hartmanns Kopf. »Geben Sie mir das. Es ist die Mütze des Führers!«

Die vier Piloten erhielten ihre Auszeichnungen, ohne dabei umzukippen. Das unbeabsichtigte Ausleihen der Mütze des Führers durch »Bubi« Hartmann löst heute noch Gelächter aus, wo immer sich zwei der vier Männer treffen. Weil er sich in sehr ernsten Kriegstagen ausgezeichnet hat und sie überlebte, um noch grimmigere Nachkriegsjahre durchzustehen, blieb Erich Hartmann's Sinn für Humor den meisten verborgen.

In den Annalen der Kriegsgeschichte gab es nicht viele Gestalten vom Kaliber Hartmanns. Und in der kurzen Zeitspanne der Geschichte der Fliegerei sogar noch weniger. Seine 352 Luftsiege, alle bestätigt, sind »Weltrekord« aller Zeiten. Sein nächster Rivale Gerhard Barkhorn hat 51 Luftsiege weniger als Hartmann, der viermal mehr Flugzeuge abgeschossen hat als der unsterbliche Manfred von Richthofen, der erfolgreichste Jagdflieger des Ersten Weltkrieges. Sogar in der ständig im Einsatz stehenden Luftwaffe gab es nur eine Handvoll Jagdflieger, die öfter flogen oder häufiger als Erich Hartmann in Luftkämpfe verwickelt waren. Er hatte nicht weniger als 1400 Starts aufzuweisen und bestand mehr als 800 Feindflüge mit Luftkämpfen. Seine physische und geistige Widerstandskraft ließen ihn die ständige Abnutzung durch den Luftkampf von Herbst 1942 bis Mai 1945 ohne Ermüdung überstehen. Er wurde nie verwundet. Seine Fähigkeit, selbst unverletzt zu bleiben, während er ständig seinen Gegnern Zoll abforderte, war nicht nur blindes Glück. Er hatte Glück, wie alle erfolgreichen Jagdflieger, aber er entwickelte eine ausgeprägte persönliche Art des Luftkampfes, die eine taktische Neuerung hervorbrachte: er wich dem Kurvenkampf aus. Nach dem Kriege sagte sein früherer Adjutant Will van de Kamp, daß Hartmann's Erfolge auf die besondere Art zurückzuführen waren, wie er seine Angriffe anlegte. Sie waren direkt wie der Mann selbst und wurden auf kürzeste Entfernung durchgeführt.

Van de Kamp sagte einmal nach dem Kriege zu Usch Hartmann, wenn alle Jagdflieger diese Taktik angewendet hätten, wäre er nie der erfolgreichste Jagdflieger der Welt geworden.

Nach dem Kriege war es der inzwischen verstorbene Will van de Kamp, der den Volkswagen in Amerika einführte.

Nach van de Kamp's Ansicht ist Erich Hartmann's Erfolg auf seinen Bruch mit der Taktik der Vergangenheit zurückzuführen.

Hartmann bestätigt die Ansicht seines einstigen Adjutanten. Analytisch, intuitiv wie auch erfahrungsgebunden versucht er zum Kern eines jeden Problems vorzustoßen, mit dem er zu tun hat. Er trifft seine Entscheidung, um sich danach bis zum Letzten einzusetzen.

Im Geschäftsleben hätten diese Eigenschaften ihm möglicherweise reichen Erfolg gebracht, aber im heutigen militärischen Leben können sie sich genau so sehr als Belastung wie als Vorteil erweisen.

Als Jugendlicher zeigte sich seine Direktheit durch Ungestüm und häufig auch in Mißachtung der Gefahr. Im reifen Alter drückte sie sich in einem zerstörenden Mangel an Takt aus.

In einer modernen Kultur, die in ständig zunehmenden Maße vom Wankelmut verunsicherter Helden absorbiert und fasziniert wird, erscheint er als lebender Anachronismus.

Er ist erstaunlich jung geblieben, und das Herz eines Tigers schlägt auch heute noch in dem alten Kater, wie er sich selbst gern bezeichnet. In dem heutigen Hartmann lagen Dinge wie eine häufig saloppe Kleidung, die ständige Unternehmungslust und die romantischen Anwandlungen für einen Mann Ende Vierzig, der eine militärische Laufbahn verfolgt, gefährlich dicht unter der Oberfläche.

Unter Streß ist er ein Mensch, der einen ausgesprochen kühlen Kopf behält und bessere Nerven hat, als es allgemein üblich ist. Bevor er schoß, näherte er sich seinem Gegner in der Luft oft auf weniger als 30 Meter, einer gefährlich geringen Entfernung mit einer hauchdünnen Chance zwischen sicherem Abschuß oder Zusammenstoß in der Luft.

An der Ostfront überlebte er 14 Notlandungen. Jedesmal startete er wieder, sobald ein neues Flugzeug zur Verfügung stand. Trotz seiner jungen Jahre – er war 22 Jahre alt, als er mit den Brillanten ausgezeichnet wurde – gingen ihm seine angeborene Bescheidenheit und Zurückhaltung nicht verloren.

Weit ältere Männer als Erich Hartmann waren in allen Streitkräften der Welt zu oft nicht in der Lage, die Bürde des Helden ehrenhaft und glaubwürdig vor sich selbst und ihrer Nation zu tragen. Das Jagdflieger-As des U. S. Marinekorps, Oberst Gregory »Pappy« Boyington, sagte einmal: »Zeigt mir einen Helden, und ich zeige euch einen Taugenichts.« Für viele Kriegshelden erwies sich Boyington's Ausspruch als nur zu zutreffend. Viele, die in Kriegszeiten gefeiert wurden, kamen mit den Friedenszeiten nicht mehr klar.

Als er 1955 nach Deutschland zurückkehrte, mußte auch Hartmann manchen bitteren Tropfen schlucken. Sein Sohn Peter Erich war 1947 gestorben, ohne daß er ihn einmal gesehen hatte. Auch sein geliebter Vater war dahingegangen. Die Hoffnungen der Jugendzeit, dem Vater in den Beruf des Mediziners zu folgen, mußte er auf Grund seiner langen Gefangenenjahre und seines fortgeschrittenen Alters aufgeben.

Nahezu ein Drittel seines Lebens hatte er in sowjetischer Gefangenschaft zugebracht.

Frühere Jagdfliegerkameraden aus der Kriegszeit bedrängten ihn deshalb, in die neue deutsche Luftwaffe einzutreten. Da alle anderen Möglichkeiten für den Aufbau einer Existenz wenig erfolgversprechend waren, mußte er auch sein weiteres Leben auf dem Fundament der Jagdfliegerei aufbauen, die er am besten verstand und beherrschte. Durch Fluglehrer der USAF wurde er auf die neuen Düsenflugzeuge umgeschult.

Er war und ist der einzige Angehörige der neuen deutschen Streitkräfte, der im zweiten Weltkrieg mit den Brillanten ausgezeichnet wurde.

Seine früheren Verdienste und sein weitblickender neuer Chef, General Kammhuber, waren für seine Ernennung zum Kommandeur des 1. Düsenjägergeschwaders der neuen deutschen Luftwaffe, des Richthofengeschwaders, verantwortlich. Trotz allen guten Vorzeichen sollte er auch weiterhin Feinde behalten.

Gegenspieler Hartmanns waren nicht nur die gegnerischen Piloten im Kriege und der NKWD im Frieden, sondern auch Männer in hohen Positionen der neuen deutschen Luftwaffe.

Kleine Leute, mit großen Aufgaben betraut, beneideten Hartmann und versuchten auf mannigfaltige Weise, seiner Karriere und seiner Position zu schaden.

Der zerhackte Schild des »blonden Ritters« wird noch ehrenhaft getragen, und sein Wappenschild glänzt noch. Weitere rühmliche Namen mögen auf ihm noch aufleuchten, denn sein blonder Träger ist immer noch ein streitbarer Teilnehmer am Turnier des Lebens.

Es ist an der Zeit, mit ihm zusammen seine eigene Geschichte zu verfolgen.

SO WIRD EIN MANN

Der Ursprung echten Mannestums liegt in der Jugendzeit.

(Quelle unbekannt)

Das Leben Erich Hartmann's erhielt die erste abenteuerliche Note, als er 1925 zusammen mit seiner Familie Deutschland mit dem Ziel China verließ.

Der am 19. April 1922 in Weissach in Württemberg geborene Erich war ein kräftiges, blondes Kind, das bereits seinen eigenen Willen zeigte, als es zusammen mit seiner Mutter an Bord des Dampfers ging, der sie in den Orient bringen sollte.

Als der Militärarzt Dr. Alfred Hartmann aus dem 1. Weltkrieg zurückkehrte, fand er Inflation, Lebensmittelnot, politisches und wirtschaftlichen Chaos. Als sein Vetter, damaliger deutscher Konsul in Shanghai, nach Hause kam und die Scherben in seinem Heimatland sah, drängte er Erich's Vater, mit ihm zurückzufahren, um als Arzt in China zu praktizieren. Der Konsul versicherte ihm, daß er bei den Chinesen eine gutgehende Praxis aufbauen könne.

Dr. Hartmann liebte das Abenteuer. Die Aussicht, seinen Beruf in einem fremden Lande ausüben zu können, reizte ihn. Anfänglich war er aber skeptisch gegenüber dem rosigen Bild, das ihm sein Diplomaten-Vetter zeichnete. Als konservativer und vorsichtiger Mann, der er im Gegensatz zu seiner überschwenglichen und unternehmungslustigen Frau war, ging Dr. Hartmann zuerst allein nach China, um dort die Situation zu erkunden.

Er war kaum auf das vorbereitet, was er dort vorfand.

Gemessen an dem in den Grundfesten erschütterten und hungrigen Deutschland war China fast ein Paradies. Dr. Hartmann stellte fest, daß die Chinesen darauf brannten, seine Dienste in Anspruch zu nehmen, seine Rechnungen bezahlten und ihn hochschätzten. Er war der einzige weiße Doktor in Tschangscha, das etwa 100 km den Yangtse Kiang und weitere 160 km den Hsiangfluß aufwärts lag,

24

als er dort seine Praxis eröffnete und nach seiner Familie schickte. Er hatte ein reizendes Haus in Tschangscha und kaufte später eine Insel in der Mitte des Flusses, auf der er ein neues Haus baute.

Erich Hartmann's früheste Lebenserinnerungen beziehen sich auf diese bewaldete Insel mit ihren natürlichen Spielplätzen, der unbeeinträchtigten Schönheit und den vielen Verstecken. Diese Insel war ein Platz, wo die kindliche Phantasie gedeihen konnte und ihren freien Lauf hatte.

Diese fernöstliche Idylle sollte aber nicht lange andauern. Schon nach einigen Jahren, als sich die ersten revolutionären Bewegungen im chinesischen Volk bemerkbar machten, richtete sich die Haltung der Chinesen gegen die »fremden Teufel« und wurde antikolonialistisch. Unruhen brachen aus.

Als die Agitation schlimmer wurde, standen Dr. Hartmann zwei schützende Umstände zur Verfügung. Zum einen war da sein Status in der Gemeinde als Arzt. Seine guten Taten waren bei den Chinesen nicht vergessen. Zweitens hatte er das Glück, Deutscher zu sein: in dem China der zwanziger Jahre spielten die Deutschen keine Rolle oder hatten keinen politischen Einfluß und waren nicht Teil der zerfallenden Kolonialstruktur.

Diese Umstände gaben der Familie Hartmann allerdings nur einen Zeitaufschub. 1929 wurden die Ausschreitungen in der Öffentlichkeit alltäglich. Angriffe auf englische, französische und belgische Einwohner häuften sich.

Dr. Hartmann hatte mehrere englische Freunde. Einer von diesen hatte sein Haus in Tschangscha nicht weit von der Praxis des Doktors entfernt. Auf dem Weg zu seiner Praxis sah Erich's Vater eines Morgens zu seinem Schrecken die abgeschlagenen Köpfe von dreien seiner englischen Freunde, die auf der Umzäunung eines der britischen Häuser aufgespießt waren.

Der freundliche Arzt aus Deutschland zog schnell die Konsequenzen. Frau Hartmann, der fünfeinhalb Jahre alte Erich und sein Bruder Alfred, der ein Jahr jünger war, wurden sicherheitshalber sofort nach Deutschland zurückgeschickt. Über mehrere Wochen hinweg wurden sie bei der Reise durch Rußland in der schrecklichen Transsibirischen Bahn hin und her geschüttelt. Auf dem Weg durch Moskau hatte der Zug einen Aufenthalt, der eine Stunde dauern sollte, und Elisabeth Hartmann stieg aus, um für ihre Söhne etwas zum Essen und Trinken zu besorgen.

»Erich«, sagte sie zu ihrem ältesten Sohn, »du paßt auf Alfred auf.

Bleibt sitzen. Ich werde in einigen Minuten zurück sein.« Sie verschwand in dem auf dem Moskauer Bahnhof herrschenden Betrieb. Bevor sie zurückkam, setzte der Zug seine Fahrt fort. Alfred Hartmann, heute Arzt in Weil im Schönbuch, erinnert sich noch genau an das Erlebnis.

»Ich war zu Tode erschrocken und konnte bald vor Tränen nichts mehr sehen. Erich war vernünftiger. Er beruhigte mich fortgesetzt und bat mich, nicht zu weinen und tapfer zu sein. Ich wollte nicht auf ihn hören und weinte weiter, daß mir fast der Kopf zersprang. Der Zug ratterte in Richtung Deutschland weiter und das mit einer schrecklichen Geschwindigkeit. Die Leute in dem Zug versuchten herauszufinden, was uns fehlte, und Erich versuchte mannhaft, ihnen unsere Misere zu erklären. Unglücklicherweise sprachen wir beide zu jener Zeit besser chinesisch als deutsch, was noch mehr zu der Verwirrung und meinem ständig zunehmenden Angstgefühl beitrug.

Nach einer schrecklich langen Zeit, in der Erich mein Dolmetscher und meine Kinderschwester war, öffnete sich die Abteiltür und meine Mutter stand da. Ihr blonden Haare waren völlig verweht, aber sie trug ein Lächeln auf ihren Lippen. Ihr Auftauchen raubte selbst dem tapferen Erich die Fassung. Tränen rollten über seine Backen, als er beschuldigend auf mich zeigte. »Ich hab ihm gesagt, er soll nicht weinen«, plärrte er heraus, als unsere Mutter um uns beide ihre Arme schlang.«

In späteren Jahren wurde der Grund für Elisabeth Hartmann's seltsame Abwesenheit zu einem der gern erzählten Familienspäße. Nachdem sie in der Schlange anstehen mußte, hatte sie gerade Proviant gekauft, als sie hörte, daß der Zug aufgerufen wurde, lange bevor die vorgesehene Stunde Aufenthalt abgelaufen war. Und gleich darauf wurde gepfiffen. Die blonde junge Frau ließ alles fallen und rannte den Bahnsteig entlang, während der Zug immer schneller wurde. Im Hollywoodstil konnte sie gerade noch einen Handgriff des letzten Wagens greifen, als der Zug das Ende des Bahnsteigs erreicht hatte, und völlig erschöpft und außer Atem aufspringen.

Russische Eisenbahnen waren zu jener Zeit noch weit davon entfernt, die moderneren Wagen zu haben, wie sie bei den meisten Eisenbahnen im Westen selbstverständlich waren. Dieser Zug hatte Waggons ohne Innengänge. Sie waren wie die australischen Straßenbahnen mit einem Trittbrett entlang der Seite versehen. So mußte sich die Mutter von Wagen zu Wagen weiter arbeiten, bis sie endlich den Waggon erreichte, in dem Erich und sein Bruder warteten.

Nach ihrer Rückkehr aus China ließ sich Elisabeth Hartmann in Weil im Schönbuch bei Stuttgart nieder und wartete auf Nachricht von ihrem Mann. Nach sechs Monaten schrieb er, daß die Dinge sich wieder beruhigt hätten. Die zivilen Unruhen waren abgeklungen. Er schrieb: »Komm zurück nach China und bringe die Jungens mit.«

Die unabhängige Elisabeth Hartmann hatte jedoch schon entschieden, daß sie genug Zeit im Orient verbracht hätten. Sie schrieb zurück: »Ich werde nicht nach China zurückkommen, sondern schaue mich nach einer Praxis für Dich bei Stuttgart um, wo Du Dich niederlassen und sicher praktizieren kannst.« Dr. Hartmann kam nach Hause. Die Familie zog in ein altes Bauernhaus in der Nähe von Weil, und drei Jahre später baute das Ehepaar ein Haus mit Praxis in der Bismarkstraße 9 in Weil im Schönbuch, wo Erich Hartmann den Rest seiner Jugend verbringen sollte, bevor er in den Krieg zog. Von seinen frühen Jahren an war Erich von der Fliegerei besessen. Eine Neigung zum Wagemut machte sich bemerkbar. Ein Beispiel ist sein erster Flugversuch. Er konstruierte einen Gleiter aus Bambusstöcken und spannte alte Decken über diesen Rahmen, um so einen Rumpf zu bauen. Mit diesem Gestell, das eine Mischung aus Schneider von Ulm und Leonardo da Vinci war, rannte er los und sprang vom Dach des Sommerhauses. Er landete in einer speziell dafür ausgehobenen Grube, die mit weicher Erde gefüllt war, unverletzt. Trotzdem wurde ihm klar, wie fehlerhaft seine Konstruktion war, und er wandte sich in der Zukunft von dieser bodenhungrigen Konstruktion ab.

Erich's Interesse an der Fliegerei erhielt Auftrieb und eine Zielrichtung, als seine abenteuerhungrige Mutter den Flugsport aufnahm.

Das Leben in Weil war angenehm, jedoch für eine unternehmungslustige und hübsche Frau wie Elisabeth Hartmann ein wenig zu langweilig.

Sie trat dem Fliegerklub auf dem Flugplatz Böblingen bei, der damals der Flughafen von Stuttgart war und nur wenig mehr als 10 km von Dr. Hartmann's Praxis in Weil entfernt lag.

Als begabte Pilotin erwarb Erich's Mutter den Privatpilotenschein auf dem Leichtflugzeug Klemm-27. 1930 wurde die glückliche Familie Hartmann Mitbesitzer eines Zweisitzers, den sie sich mit dem »Wetterfrosch« des Flugplatzes Böblingen teilten. Erich's Verhältnis zu Flugzeugen und zum Fliegen wurde immer enger. Heute befindet sich ein US-Army-Reparaturwerk auf dem Gelände des ehemaligen Flugplatzes Böblingen. Damals, in den frühen 30er Jahren, konnte man an jedem schönen Samstag oder Sonntag auf demselben Gelände die Hartmannjungens mit ihrer Mutter in der kleinen Klemm fliegen und an dem Flugzeug arbeiten sehen.

Nach dem wirtschaftlichen Zusammenbruch im Jahre 1932 mußte die geliebte kleine Maschine verkauft werden. Der Verlust des Flugzeuges war ein herber Schlag.

Im darauffolgenden Jahr übernahm Hitler die Macht, und es begann das Wiederaufleben der Fliegerei in Deutschland.

Hitler wünschte in der deutschen Jugend die Begeisterung für die Luftfahrt zu wecken und drängte deshalb auf die Gründung von Segelfliegerklubs als Sammelpunkt des Interesses.

1936 gründete Frau Hartmann in Weil im Schönbuch einen Segelfliegerklub für die dort ansässigen Jungen und wurde selbst Ausbilderin.

Der Anreiz der schicken, kleinen Klemm fehlte zwar. Trotzdem hatte das Segelfliegen einen seltenen, ganz besonderen Reiz und trug zu glücklichen und unterhaltsamen Wochenenden bei.

Der Klub besaß 2 Segelflugzeuge: Einen Zögling 38, ein offenes Segelflugzeug zur Anfangsschulung, und für Fortgeschrittene stand ein Grunau Baby zur Verfügung. Erich wurde jedes Wochenende von seiner Mutter zu den Treffen der Segelflieger mitgenommen.

Die beschwerliche Aufgabe, die Segelflugzeuge mit Gummiseilen in die Luft zu ziehen, war ein guter Ablaß für jugendliche Energie.

Erich wechselte sich mit den anderen Jungens dabei ab. 8 kräftige Jungen auf jeder Seite zogen das Segelflugzeug mit ganzer Kraft. Häufig hob es sich nur wenige Meter in die Luft, um unter dem Verzweiflungsgestöhn der Jungens, die die Seile zogen, sofort wieder auf die Wiese zurückzufallen. Das Ziehen mußte von neuem beginnen.

Die Jungens mußten sich das Vergnügen des Fliegens sehr hart erarbeiten. Dann kamen die magischen Worte: »Erich einsteigen. Du bist an der Reihe. Wir versuchen dich hochzuziehen.« Sein Bruder Alfred hat eine lebhafte Erinnerung an Erich's Segelfliegerei: »Von Anfang an war er ein ausgezeichneter und begabter Pilot. Ich wünschte mir damals, genau so gut wie er zu sein, aber es gab zwischen uns beiden im Segelfliegen einen riesigen Unterschied.

Mit 14 Jahren war Erich ein ausgezeichneter Segelflieger mit Schein. Bis zum Ende des Jahres 1937 hatte er seine »A«- und »B«-Segelflugscheine abgelegt und wurde mit seinem »C«-Schein Segelfluglehrer in der »Flieger-HJ«.

Rückblickend sagt Erich Hartmann nach mehr als 30 Jahren über seine Einführung in das Fliegen: »Segelfliegen war ein großartiger Sport und darüber hinaus noch mehr. Es vermittelte mir ein wundervolles Gefühl für das Fliegen.

Die Empfindung und die unterbewußte Gegenwart der Luft um einen herum, die einen trägt, das Segelflugzeug fortbewegt, macht einen zum Teil des Geschehens. Man wird im wahrsten Sinne des Wortes Vogelmensch.

Der Motorflug kam später in der Luftwaffe nicht als etwas Fremdes für mich. Ich sah meine Mutter, meinen Bruder und all meine jungen Freunde fliegen, und ich selbst flog. Deshalb war für mich das Einsteigen in ein Flugzeug genau so normal wie das Einsteigen in ein Auto. Das frühe Vertrautwerden mit Flugzeugen, das mit dem Segelfliegen kam, hat mir bis auf den heutigen Tag geholfen. Wenn ich in einem Flugzeug sitze und etwas schief geht, bekomme ich immer vorher ein schlechtes Gefühl. Häufig bekomme ich dieses Gefühl, bevor ein Versagen überhaupt durch irgendwelche Instrumente angezeigt wird. Ich fühle es mit meinem Hosenboden. Es gibt keinen Zweifel daran, daß das Gefühl für alles, was mit Flugzeugen zusammenhängt, umso höher entwickelt ist, je früher man mit dem Fliegen angefangen hat.«

Erich's Bruder Alfred praktiziert heute als Arzt in dem Einfamilienhaus, das von seinem Vater erbaut wurde. Er ist ein gefühlsbetonter und freundlicher Mann, der nach Temperament und Ansichten sehr seinem Vater gleicht. Nach kurzem Einsatz in Nordafrika als Stukabordschütze geriet er in Tunesien in Kriegsgefangenschaft und verbrachte 4 Jahre in britischen Gefangenenlagern. Alfred erinnert sich an Erich's Entwicklungsjahre in seiner offenen Art: »Er war in jeder Beziehung stärker als ich. Er hatte Sinn für Sport, war kräftig und brachte es im Sport zu guten Leistungen. Tatsächlich gab es nichts auf dem Gebiet des Sports, in dem er sich nicht hervortat oder sich hervortun konnte, wenn er es versuchte. Er war der natürliche Athlet mit einer wunderbaren Ausgeglichenheit, und er fühlte sich beim Schwimmen, Tauchen, Skilaufen und auf der Aschenbahn zu Hause. Auch in der Leichtathletik tat er sich hervor.

In ihrer eigenen Gesellschaft wählen Jungens ihren Führer auf natürliche Weise. Erich war der gegebene Mann. Sein sportliches Können war nur ein Element seines natürlichen Führungsvermögens. Außerdem war er klug, stark und praktisch, insgesamt ein ideenreicher Junge. Seine gleichaltrigen Kameraden achteten ihn wegen dieser positiven Eigenschaften. Er hatte aber auch andere Qualitäten. Er war gerecht und er war gefühlvoll, und dies im besonderen zu mir, weil er wußte, daß er stärker war als ich.

Schlägertypen konnte Erich nicht leiden, und er war deshalb der Beschützer der kleineren Buben. Ich nutzte seinen zu Recht bestehenden Ruf, indem ich den größeren Jungen, die mich bedrohten, sagte, daß sie es mit Erich zu tun bekämen, wenn sie mir was täten. Aus diesem Grunde ließen sie mich immer in Ruhe.«

Sogar in dem weltabgeschiedenen, kleinen Korntal gab es so etwas wie rivalisierende Teile der HJ. Erich und Alfred gehörten zur Flieger-HJ. Die rivalisierende Gruppe gehörte zur Motor-HJ. Zwischen der Motor-HJ und der Flieger-HJ gab es wegen nichtiger Beleidigungen, wie sie gewöhnlicherweise zwischen rivalisierenden Gruppen vorkommen, häufig »böses Blut.« Erich's Bereitschaft, wo nötig, sofort etwas zu unternehmen, wird an einem Zwischenfall deutlich.

Auf dem Heimweg vom Kino blieben Alfred und ein anderer Junge eines Abends etwa vierzig Meter hinter Erich und den meisten Jungens der Flieger-HJ zurück. Angehörige der Motor-HJ, die sich versteckt hatten, sprangen aus der Dunkelheit hervor, schnappten Alfred und seinen Freund und brachten beide in ihr Versteck. Ein anderer Junge der Flieger-HJ, der noch weiter zurückgeblieben war, beobachtete die Entführung. Er folgte den Entführern und rannte zu den Kameraden, um Hilfe zu holen.

»Die ›Motor-HJ‹ hat Alfred – sie haben ihn in der alten Scheune und sie werden ihn verhauen.« Erich rannte den andern voran und warf sich mit voller Kraft gegen das Scheunentor, das aufsprang. In der Scheune stand er allein vor den erschrockenen Jungen der Motor-HJ. Genau gesagt vor 14 Jungen. Sie hatten Alfred und seinen Freund an einem Pfahl festgebunden. Erich ergriff die am Scheunenboden liegende Kurbel eines Wagenhebers und begann damit um sich zu schlagen.

»Haut ab! Haut ab! Ihr alle. Bevor ich euch damit vertrimme!« Die Motor-HJ verschwand. Die Kerle rannten aus der Scheune heraus wie um ihr Leben, während Erich siegesbewußt und außer Atem seinen dankbaren Bruder losband. In späteren Jahren war es das gleiche furchtlose Verhalten, das ihn als Mann über einen Feind siegen ließ, der in der Überzahl war. Er war ein Junge, der die Probleme des Lebens auf direktem Wege anging.

In der Mitte der 30er Jahre waren Erich und sein Bruder Schüler einer national-politischen Erziehungsanstalt NAPO in Rottweil.

Die Erziehungsmethoden dieser Schule standen im Gegensatz zu dem werdenden Charakter des jungen Erich. Er liebte die Freiheit. Diese Schule wurde aber nach strenger, militärischer Disziplin geführt, die sich auf alle Lebensbereiche der Schüler erstreckte. Selbst während der Freizeit wurde alles Tun der Schüler reglementiert. Die Wochenenden zu Hause in Weil erschienen Erich wie eine Befreiung aus dem Gefängnis.

Bis zum heutigen Tage hat er eine schlechte Erinnerung an Rottweil: »Jeder Lehrer war ein Gott, und wir waren ihre Hampelmänner. Einmal mußten wir im Physikunterricht aus Holzkohle und Schwefel Schwarzpulver herstellen. Vor der großen Pause mußten wir unsere gesamte Produktion auf eine Eisenplatte legen. Man schärfte uns ein, während der Pause nicht mit dem Pulver zu spielen.

Der Lehrer verließ den Klassenraum, und wir versammelten uns sofort um das angehäufte Pulver. Dabei waren wir von der ihm innewohnenden Sprengkraft, die uns ja bekannt war, fasziniert. Einige der wagemutigeren Jungens zündelten in der Nähe des Pulvers mit Streichhölzern, ohne allerdings das Risiko einzugehen, zu nahe heran zu kommen.

Jeder versuchte, jeden dazu anzustiften, das Pulver mit einem brennenden Streichholz wirklich anzuzünden. Irgendeiner forderte mich direkt auf, es zu tun. Dies war sicherlich ein Fehler. Ich entzündete ein Streichholz und steckte es also in das Pulver hinein. Eine Stichflamme ließ uns alle blitzartig unter den Tischen Deckung suchen. Gleichzeitig verbreitete sich eine Rauchwolke aus dem Klassenzimmer. In Sekundenschnelle kam unser Lehrer angestürzt und war offensichtlich sehr böse. Niemand wollte zugeben, mit dem Pulver gespielt zu haben. Ich meldete mich und sagte, daß ich es angezündet hatte. Zur Strafe mußte ich alle Geräte reinigen, die während der Stunde benutzt worden waren. Drei Tage später hatte ich immer noch mit dieser Säuberung zu tun, als ich aus Versehen ein schweres, eisernes Gläsergestell in das Wasserbecken stieß und dabei mehrere Glasretorten zerbrach.

Daraufhin herrschte zwischen diesem Lehrer und mir ein ausgesprochener Kriegszustand. Meinen Streich hat er nie vergessen und mir auch nie vergeben. Er nahm jede Gelegenheit wahr, um mich zu schikanieren.«

Erich rieb sich unter diesen schulischen Bedingungen auf und sprach mit seinen Eltern über die Schwierigkeiten.

Im Frühjahr 1937 brachte Dr. Hartmann seine Söhne auf die Internatsoberschule in Korntal bei Stuttgart. Während der Woche waren die beiden Hartmannsbuben im Internatsteil dieser Schule untergebracht. Erich's alter Lehrer aus Korntal, Prof. Kurt Busch, erinnert sich noch an die Umstände, unter denen das zukünftige As der Asse seine weitere Ausbildung erhielt:

»Die Schule in Korntal wurde nach anderen Grundsätzen geführt als die militärähnliche Schule in Rottweil.

Ich kann mich entsinnen, wie Erich erzählte, daß seiner Meinung nach die Disziplin in Rottweil zu streng und zu allumfassend war. Wir gestatteten mehr Freiheit und regten ein gutes Verhältnis zwischen Lehrern und Schülern an. Jeder Anreiz für Erziehung und Studium war vorhanden.

Die Freiheit und Freizügigkeit, die ihnen zugestanden wurde, beflügelte besonders das Gefühl für Verantwortung und entwickelte gleichzeitig ihr Gewissen.

Die Kinder – Erich eingeschlossen – waren keine Engel, aber wenn sie ihre Freiheit mißbrauchten, wußten sie es und fühlten es auch in ihrem Inneren. Das ist wirklich etwas Bedeutsames für Heranwachsende, und ich bin davon überzeugt, daß Erich in der Oberschule in Korntal glücklich war.«

Nach 30 Jahren hatte Prof. Busch keine Schwierigkeiten, sich an Erich Hartmann zu erinnern, den er von 1937–1939 unterrichtete: »Er war ein Junge, den man sofort mochte. Geradeheraus, offen und ehrlich brachte er diese seine Eigenschaften mit einer gewissen Impulsität, ohne jedoch die Gefühle anderer zu verletzen oder herauszufordern. Er war sich seiner gewinnenden Eigenschaften bewußt und nutzte sie, was seiner Meinung nach durchaus rechtens war. Trotzdem war er sehr tolerant und nicht nachtragend.

Sein Streben war es, es sich gut gehen zu lassen und dem Leben die Sonnenseite abzugewinnen. Den Lehrern gegenüber war er höflich und respektvoll, und ich hatte eine hohe Meinung von seiner Bescheidenheit und Ordnungsliebe.«

Prof. Busch, Erich's Bruder Alfred und seine Mutter stimmen alle in der Ansicht überein, daß er nicht der Intellektuellentyp war.

Er war der durchschnittliche Schüler, der seine Schulpflichten ohne

Schwierigkeiten oder Ehrgeiz erfüllte. Seine Anstrengungen gingen nur soweit, wie es für die Ablegung der Examina notwendig war. Seine Kraft war in erster Linie auf den Sport ausgerichtet, den er liebte.

Zu dem Lehrplan der Schule in Korntal gehörte es, ab und zu eine Woche mit Skilaufen in den Bergen zu verbringen. Bei diesen Ausflügen hatte Prof. Busch häufig Gelegenheit, Erich's Drang nach der Bestleistung im Wettbewerb aus nächster Nähe zu beobachten und außerdem seine Vorliebe für jeden Spaß. Einmal kam der Professor beinahe zu nahe an den Ort des Geschehens. Als er eines Morgens aus der Hütte trat, wurde er von einem Rauschen und einem Schneeregen begrüßt, als Erich gerade einen Skisprung von dem Hüttendach 4 m über des Professors Kopf ausführte.

Alle Erich erteilten Warnungen in Hinblick auf Steilhänge, Sprunggefahren oder sonstige Gefahren waren vergebens. Ein leichtes, selbstsicheres Lachen und das glückliche Grinsen, das bei dem Manne Erich Hartmann später so charakteristisch wurde, waren seine einzige Antwort, bevor er die nächste Gefahr anging.

Alfred erinnert sich an einen Skiwettbewerb, zu dem ein großes Springen gehörte.

»Erich war niemals vorher von einer großen Schanze gesprungen. Aber er sagte einfach, daß er am nächsten Tag an dem Wettbewerb teilnehmen werde. Ich sagte ihm, er sei ein Narr.

Als es soweit war, stand ich unter den zitternden Zuschauern, während Erich oben am Hang so kühl war wie der Schnee, auf dem er stand. In den Lautsprechern ertönte sein Name. Er kam herunter und dann war er hoch in der Luft. Mein Herz lag auf meiner Zunge. Aber er machte einen perfekten Sprung über 33 m und kam einwandfrei auf. Er war mutig bis zum Umfallen. Ohne irgendwelche Angeberei. Er tat nichts, um sich zu brüsten oder anzugeben. Für ihn gab es nichts Natürlicheres auf der Welt, als mit diesem Skispringen fertig zu werden – der Herausforderung gerecht zu werden. Nach seinem Erfolg benahm er sich vollkommen normal.«

Sein direktes Darauflosgehen auf jede Art sportlicher Herausforderung brachte ihm in seiner Jugendzeit den Spitznamen »Wildsau« ein. Prof. Busch sieht darin einen natürlichen Spitznamen. »Dieser Name hat nichts Schmeichelhaftes, aber er beschreibt haargenau Erich's Kraft und Stärke zu jener Zeit – Eigenschaften, die ihm von ganzem Herzen unsere Hochachtung einbrachten.«

Es waren auch die Eigenschaften, die ihm später seinen Platz in der

Geschichte einbringen sollten und ihn Leiden durchstehen ließen, die weit über die Vorstellungskraft der freundlichen Leute in Weil im Schönbuch hinausgingen.

Erich's erste und einzige Liebe war auch so ein »direktes« Abenteuer. Auf der Oberschule in Korntal lernte er das Mädchen kennen, das später seine Frau werden sollte – Ursula Paetsch. Als Backfisch war »Usch« Paetsch so dunkelhaarig wie Erich blond war.

Bis auf den heutigen Tag behauptet er, daß es Liebe auf den ersten Blick gewesen ist. Nachdem er sich klar geworden war, nahm er sich vor, etwas zu unternehmen. An einem Oktobernachmittag 1939 war Usch mit einer Freundin gerade auf dem Weg von der Schule nach Hause, als Erich mit seinem Fahrrad angebraust kam. Er sprang vom Rad, ließ es auf den Bürgersteig fallen, schaute in Uschs Augen und sagte etwas verlegen: »Ich heiße Erich Hartmann«. Diese Vorstellung, so typisch für Erich's angeborene Direktheit, war der Anfang einer Liebe, die die härtesten Belastungen überdauern sollte.

Erich's Eltern machten sich über sein plötzliches Interesse an einem Mädchen Sorgen. Er war erst 17. Noch erstaunter waren die Eltern Paetsch, weil Usch erst 15 war. Uschs Mutter sagt über die damalige Zeit: »Wir wußten, daß Erich der Motor war.« Uschs Vater erhob anfänglich Einwände, sah aber bald ein, daß er die jungen Leute nicht beeinflussen konnte und gab schließlich den ungleichen Kampf auf. Er sagte: »Ich will mit der ganzen Sache nichts mehr zu tun haben«. Uschs Mutter versuchte die Freundschaft zu unterbinden. Das war jedoch nicht so einfach. Einmal sagte Usch, sie ginge mit einer Freundin ins Kino. Und das tat sie auch. Im Kino wartete Erich auf sie. Er begleitete sie nach Hause – und sie kam zu spät. Frau Paetsch verhängte ein dreimonatiges Kinoverbot. Trotz allen Bitten und Entschuldigungen des blonden Jungen, der an ihrer Haustür vorstellig wurde.

Usch nahm die Strafe mit ungewöhnlicher Gelassenheit hin. Einige Monate später fand ihre Mutter auch heraus warum.

Um eine richtige junge Dame zu werden, ging Usch in Stuttgart in die Tanzstunde. Zweimal in der Woche nahm sie pflichtgemäß am Tanzunterricht teil. An der gleichen Tanzschule nahm auch ihr Freund Erich Hartmann Tanzstunden. Im gleichen Kurs. Sie waren nicht zu trennen.

Im September 1939 war der Krieg über Europa hereingebrochen, aber bis zum Abitur und dem Abgang von der Oberschule in Korn-

Sein erster Kommandeur.
Major Hubertus von Bonin war Gruppenkommandeur III./JG 52, als Erich Hartmann zu diesem Verband an die Ostfront
versetzt wurde.

Unten links: Edmund »Paule« Rossmann
war es, der den Neuling Hartmann als
Rottenflieger auf den ersten Feindflug
mitnahm. Hartmann verdankte der ver-
ständnisvollen Einweisung Rossmanns die
Grundlage für einen wesentlichen Teil der
später von ihm selbst entwickelten
Kampftaktik.

Unten rechts: Krupinski – Lehrer, Führer,
Freund. Walter Krupinski war bereits
einer der »Experten«, als Erich Hartmann
im Winter 1942/43 sein Rottenflieger
wurde. Die beiden sind heute noch enge
Freunde.

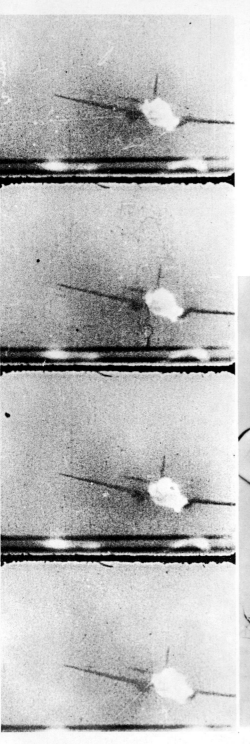

Bordkamera-Aufnahmen vom Abschuß eines sowjetischen Bombers vom Typ SB-2 bei Kertsch (Halbinsel Krim), in der Nähe von Sewastopol.

Das hätte ins Auge gehen können. Hartmann und sein Erster Wart »Bimmel« Mertens betrachten die von feindlichen Schüssen getroffene Panzerscheibe, die ausgewechselt werden mußte.

tal im Frühjahr 1940 war er für Hartmann noch ohne wirkliche Bedeutung. Er mußte eine wichtige Entscheidung für sein weiteres Leben treffen.

Er wollte Arzt werden wie sein Vater.

Als er einige Wochen nach seinem 18. Geburtstag sein Abitur im April 1940 abgelegt hatte, war ihm klar, daß er in irgend einer Form Soldat werden würde. Das konnte für ihn nur das eine bedeuten – die Luftwaffe.

Der Krieg eröffnete dem jungen Erich Hartmann das sonst kostspielige Gebiet der Fliegerei. Der Motorflug war im Vorkriegseuropa nur einigen Wenigen vorbehalten, weil die Anschaffung und der Unterhalt von Flugzeugen sehr teuer war. Damit lag aber die Motorfliegerei außerhalb der Möglichkeiten der meisten jungen Leute. Der Krieg bot den gleichen jungen Leuten die Chance, bei der Luftwaffe eine fliegerische Ausbildung zu erfahren, bei der keine Kosten gescheut wurden.

Die Zeitungen brachten bevorzugt Berichte über erfolgreiche Jagdflieger. Werner Mölders, schon von der Legion Condor im spanischen Bürgerkrieg her bekannt, stand erneut mit großem Erfolg im Einsatz.

Der junge Hartmann begeisterte sich an der Aufgabe des Jagdfliegers. Er meldete sich zur Luftwaffe. Sein Vater war weniger begeistert. Seine Mutter hatte Verständnis für die Begeisterung, denn sie war es ja gewesen, die seinen frühen Ehrgeiz zum Fliegen genährt und geleitet hatte. Usch war über die Aussicht, von Erich getrennt zu werden, traurig. Aber sie wollte mit allem einverstanden sein, was ihr Erich zu tun wünschte.

Vater Hartmann glaubte, daß der Krieg mit einer deutschen Niederlage enden werde und der Konflikt auch nichts Gutes für die Heimat, also das Hinterland, bringen werde. Die allgemeine Ansicht jener Zeit, daß der Krieg bald zu Ende sein werde, ließ den Entschluß des Sohnes, Pilot zu werden, etwas leichter ertragen. Er war der Meinung, er könne ruhig ein voll ausgebildeter Pilot werden und habe nach kurzer Kriegsdauer immer noch genug Zeit, Medizin zu studieren.

Die Zeit auf der Schule in Rottweil hatte bei Hartmann schon eine Antipathie gegen Kommißton und Kasernenhofdrill offenbar werden lassen. Nun mußte er diese bittere Pille zusammen mit der süßen Pille des Fliegenlernens schlucken. Kadavergehorsam war und blieb nie seine Sache. Das sollte seine spätere Laufbahn in der

Luftwaffe erheblich beeinträchtigen, und hier ist sowohl die Kriegs-
luftwaffe als auch die neue Bundesluftwaffe gemeint.

Als der Höhepunkt der Luftschlacht um England bereits überschrit-
ten war, trat Erich Hartmann am 15. Oktober 1940 in das Ausbil-
dungsregiment 10 der Luftwaffe in Neukuhren, 15 km von Königsberg in Ostpreußen entfernt, ein.

Die Ausbildung von Jagdfliegern wurde zu dieser Zeit nicht mit
besonderer Dringlichkeit betrieben. Die volle Auswirkung der
schweren Verluste an Piloten in der Luftschlacht um England war
dem Luftwaffengeneralstab noch nicht bewußt geworden.

Es wurde nur wenig unternommen, um die außergewöhnlich langen
und sorgsamen Ausbildungs-Kurse zu straffen. Die Flugzeugindu-
strie hatte die Verluste der Luftschlacht um England noch nicht
ausgeglichen, als Erich Hartmann sich im März 1941 bei der Luftkriegsschule 2 in Berlin-Gatow zur Flugausbildung meldete.

Seit Oktober 1940 hatte er die Grundausbildung hinter sich
gebracht, außerdem theoretische Ausbildung in den Fächern Flug-
dienst; Geschichte der Fliegerei; Theorie des Fluges; Betrieb, Ent-
wurf und Konstruktion von Flugzeugen und Flugmotoren; Flug-
zeugbau; Materialkunde, Aerodynamik und Meteorologie. Diese
Fächer nahmen sein Interesse voll in Anspruch. Der Anreiz der
bevorstehenden Flugausbildung war Ansporn genug, sich rasch
durch diese theoretische Ausbildung zu tanken.

Die Flugausbildung, in Berlin-Gatow beginnend, war auf fast ein
ganzes Jahr ausgelegt. Später kamen Piloten mit kaum 40 Stunden
Gesamtflugzeit zu Hartmann's Staffel in Rußland, um sofort in
den Kampf geworfen zu werden.

Am 5. März 1941 ging Hartmann auf seinen ersten militärischen
Ausbildungsflug mit seinem Fluglehrer Feldwebel Kolberg. Am
24. März 1941 war er soweit, daß er den ersten Alleinflug absol-
vierte – nach insgesamt 73 Schulflügen in einem Motorflugzeug.
Denen waren allerdings Hunderte von Flügen und Landungen im
Segelflugzeug vorausgegangen.

Die fliegerische Grundausbildung wurde am 14. Oktober 1941
abgeschlossen, Hartmann war für den Fortgeschrittenen-Kurs bereit.
Seine Lehrer in Berlin-Gatow hatten ihm bereits die Eignung zum
Jagdflieger bescheinigt.

Die Fortgeschrittenenausbildung sollte vom 15. Oktober 1941 bis
zum 31. Januar 1942 dauern. Danach wurde er nach Zerbst/Anhalt
zur Jagdfliegerschule versetzt. In dem zwischen Dessau und Magde-

burg gelegenen Zerbst wurde er mit jenem Flugzeug vertraut gemacht, das ihn zum Ruhm tragen sollte: der Messerschmitt Me 109, die korrekte Typenbezeichnung lautete zwar immer noch Bf 109. Erich hatte bis zu dem Zeitpunkt, an dem er für die berühmte Me 109 bereit war, 17 verschiedene Typen von Motorflugzeugen geflogen. Jeder junge deutsche Flugzeugführer träumte davon, diese legendäre Maschine fliegen zu dürfen.

Zu Hartmann's Fluglehrern in Zerbst gehörte Oberleutnant Hohagen, ehemaliger deutscher Kunstflugmeister, der seinem blondhaarigen Schüler so manches Geheimnis des Kunstflugs beibrachte. Nachdem er die grundlegenden taktischen Manöver kannte und das Flugzeug selbst beherrschte, befaßte er sich ab Juni 1942 mit dem eigentlichen Gefechtsfliegen und -schießen.

Von Anfang an erwies sich Erich Hartmann als überragender Schütze, als Naturbegabung. Trotzdem ist er selbst in dieser Hinsicht nicht immer gleicher Meinung mit seinen Kameraden. Er behauptet, daß er niemals über große Entfernungen ein guter Schütze in der Luft gewesen sei. Jedoch erfahrene Leute wie Krupinski, die ihn im Einsatz sahen, als er an die russische Front kam, sagen, er sei auf große Entfernungen hervorragend gewesen. Hartmann ging schon früh von Angriffen auf weite Entfernung zu Gunsten der Angriffe auf kürzeste Entfernung ab. Aus diesem Grunde kam seine Treffsicherheit auf lange Entfernungen nur noch selten zum Tragen.

Bei seinem 1. Luftschießen am 30. Juni 1942 feuerte Erich aus den MG's der Me 109-D 50 Schuß auf ein Schleppziel und erzielte 24 Treffer. Jeder, der sich in diesem Metier auskennt, wird diese Leistung beachtenswert finden.

Viele bedeutende Jagdflieger der Luftwaffe brauchten Monate (und Hartmann's Kamerad Willi Batz Jahre), Treffer im Luftkampf zu erzielen. Ein gutes Auge ist am wichtigsten für einen erfolgreichen Jagdflieger.

Der lange Weg durch die Jagdfliegerausbildung war mühsam. Als Hartmann am 31. März 1942 zum Leutnant befördert wurde, war er der Meinung, daß er sich seinen Rang und das Flugzeugführerabzeichen ehrlich erworben hatte. Er fühlte sich erleichtert, wie ein Junge, der mittags aus der Schule nach Hause kommt.

Als er noch in Gleiwitz diente, flog er am 24. August 1942 nach Zerbst und demonstrierte über dem Flugplatz einige von Oberleutnant Hohagens Kunstflugfiguren. Er jagte im Tiefflug heran, versetzte die Leute dort mit gesteuerten Rollen und Achten in gelinden Schrecken und brachte seine Flugschau nach seinem Rückflug nach Gleiwitz mit einem Flugmanöver, das aus einem alten Hollywood-Fliegerfilm hätte stammen können, zum Abschluß. Er brauste heulend in 10 m Höhe im Rückenflug über den Flugplatz Gleiwitz hinweg. Nach der Landung mußte er sich sofort beim Kommandeur melden und erhielt einen Anpfiff, der sich gewaschen hatte. Erich wurde zu einer Woche Stubenarrest verdonnert, und außerdem wurden zwei Drittel seines Wehrsoldes 90 Tage lang einbehalten. Die Flugschau war ihn teuer zu stehen gekommen. Die ausgesprochen riskante Vorführung bewies, daß die Impulsivität, die seine Lehrer schon festgestellt hatten, durch den militärischen Drill nicht ausgemerzt worden war. Die wilde Luftakrobatik bewies eine gewisse Unreife, die noch seine Kommandeure an der Front veranlassen sollte, sich Gedanken darüber zu machen, ab wann man ihm eine größere Verantwortung übertragen konnte.

Die Bestrafung hatte auch eine positive Seite, und Hartmann erinnert sich heute ohne Bedauern an den Zwischenfall: »Diese Woche Stubenarrest rettete mir das Leben. Nach Plan sollte ich an diesem Nachmittag einen Schießeinsatz fliegen. Mein Stubenkamerad übernahm den Flug an meiner Stelle in dem Flugzeug, das ich sonst flog. Kurz nach dem Start hatte er Motorschaden und machte neben der Eisenbahnstrecke Hindenburg – Kattowitz eine Bauchlandung. Dabei kam er ums Leben.«

Wie wir noch sehen werden, hatte Hartmann's Impulsivität zwei Seiten. Am Anfang hinderte sie sein militärisches Fortkommen. Als seine Ausbildung zu Ende war, hatten alle Fronten dringenden Bedarf an Jagdfliegern. Er brachte es fertig, vor der Verlegung an die Ostfront 3 Tage Urlaub zu Hause in Weil herauszuschinden. Es gab eine Abschiedsfeier zu seinen Ehren. Freunde der Eltern waren gekommen, um sich von dem jungen Jagdflieger zu verabschieden. Zu Usch sagte er: »Ich würde dich gerne heiraten, wenn der Krieg vorüber ist. Wirst Du auf mich warten?«

»Ja, Erich, ich werde warten.«

Sie mußte tatsächlich warten, länger als man normalerweise von irgendeiner Frau erwarten konnte. Am folgenden Tag nahm er einen Zug nach Krakau in Polen, wo die Luftwaffe eine große Nachschubbasis für die Ostfront unterhielt. Von dort aus sollte er zu seiner neuen Einheit, dem Jagdgeschwader 52, fliegen – ein neugebackener Jagdflieger, der auf den Einsatz brannte.

stens 1200 km tief in russisch[...]
zurückkehrende Piloten hatt[...]
»Experten« gesprochen. Zu[...]
sollte er nun gehören.
Weil die Stukakatastrophe n[...]
fühlte er seine Unerfahrenh[...]
Nerven sah er der Landung i[...]
Elbrus, entgegen. In Maikop[...]
Der Geschwaderadjutant erw[...]
steif aus dem Transportflugze[...]
Mann, sauber und gepflegt m[...]
glanz polierten Stiefeln.
»Sie kommen alle mit mir«, sa[...]
vorgestellt, bevor Sie Ihren St[...]
teilt werden.«
Hauptmann Kühl führte sie[...]
stand des JG 52 war kaum [...]
Wand hing eine Karte der Fr[...]
Tische mit einem Telefon zur[...]
fon, das die Verbindung zu de[...]
die entlang der Front eingeset[...]
daten taten an den Tischen I[...]
saßen die Funker. Ein Funker[...]
des Geschwaders. Der andere[...]
kehr ab. 2 cm-Munitionskisten[...]
Der nüchterne und geschäfts[...]
untersetzten Mann mit schütte[...]
Dietrich Hrabak. Erich bemerl[...]
dem Geschwaderkommodore[...]
Uniform war dreckig und zerk[...]
Seine Stiefel hatten schon lang[...]
Erich hatte noch nie vorher so[...]
tigen Gebiet, auf den Ausbild[...]
Gott und trug eine makellose u[...]
Hrabak war in mehrfacher Hir[...]
seiner Uniform ansah.
Hrabak sprach und bewegte sid[...]
genden hellblauen Augen schau[...]
als er ihm die Hände schüttelte.[...]
gung zu Hrabak. Während de[...]

AN DER FRONT

Das Wichtigste für einen jungen Jagdflieger ist es, seinen ersten Luftsieg ohne zu großen Schock zu erringen.

Werner Mölders

In Krakau blätterte der Kommandeur durch einen Stoß von Anforderungen und schüttelte seinen Kopf. Er schaute zu den vier jungen Leutnants auf, die zum JG 52 versetzt waren.

»Ich habe keine Anforderung für Ersatzflugzeuge für das JG 52, deshalb können Sie nicht in Me 109 nach Maikop hinunter fliegen. Ich habe jedoch einige Stukas, die nach Mariupol an der Nordküste des Asowschen Meeres überführt werden müssen, und von dort aus können Sie leicht nach Maikop gelangen.«

Die Leutnants Hartmann, Wolf, Stiebler und Mertschat tauschten Blicke aus und gaben dem Platzkommandanten durch Kopfnicken ihr Einverständnis. Erich hatte noch nie einen Stuka geflogen. Aber ein Flugzeug war ein Flugzeug. Er hatte keine Angst davor, eine Ju 87 oder irgendeinen anderen Vogel zu fliegen.

Einige Minuten später kletterte er in das unbekannte Cockpit.

Die Grundinstrumente unterschieden sich nicht wesentlich von denen der Me 109. Die Kiste war aber größer und langsamer. Hartmann ließ den Motor warm laufen. Alles schien in Ordnung. Wolf, Stiebler und Mertschat rollten zur Startbahn und kamen gut ab. Hartmann rollte den Stuka langsam zum Start. Ein Flugleiter hatte seinen Arbeitsplatz in einer Holzhütte nahe dem Haltepunkt. Hartmann versuchte, an dem kleinen Gebäude vorbei zu kommen. Er betätigte die linke Bremse. Keine Reaktion. Er drückte auf beide Bremsen. Volle Bremse! Immer noch keine Wirkung. Das Flugzeug bewegte sich immer weiter auf die Hütte zu, während Hartmann sich mit der defekten Bremse abmühte. Er nahm den Flugleiter wahr, der aus seinem Kabäuschen stürzte. Einen Augenblick später

bohrte sich der Stuka in
schallten über den Flugpla
holz hackte. Zerfetztes P
Luft und wurden von den
dert. Hartmann stellte de
aus dem Cockpit, um den
war nur noch halb so
etwa 45 cm Länge ragten
Hütte war auf die Hälfte i
stutzt, und alle Papiere un
wandelt. Der verstörte Fl
durch die Trümmer.
Offiziere und Mannschafte
Platzkommandanten, kam
den gestürzt. Ziemlich ver
und unbeholfen neben der
ihn zu kam, war er darauf
einer seiner jungen Kamera
Ein zweiter der vier für
kotzendem Motor und ei
heran. Vor den erschreckt
kommandanten setzte er a
Pilot etwas zu hart auf die
die Nase und blieb mit in
Ein zweiter niedergeschla
starrte ungläubig auf sein
heuerlichkeit, die diese Ba
der Platzkommandant, daf
sollten – mit jemand andere
Wegen des Motorenlärmes
nicht möglich, deshalb set
Munitionkisten, Ersatzteilk
merksamkeit einer zwei Tag
er zwischen der Ladung g
Krieg waren optimistisch. L
wurden gegen Stalingrad g
Kaukasus, wo er jetzt hinz
Goebbels bald mit der Ein
Ölquellen seinen Höhepunk
zeigten, daß an allen Punk

42

Feldflugplatz mit Graspiste, der von Zelten für die Piloten und das Bodenpersonal umstanden war.

In Soldatskaja erfolgte die Führung des III./JG 52 von einem ähnlichen Unterstand aus wie beim Geschwaderstab.

Als Hartmann mit den anderen Ersatzpiloten eintrat, schaute ein großer Mann mit schwarzem, glattem Haar und einem schmalen, langen Gesicht auf und lächelte.

»Hallo, ihr unschuldigen, jungen Kinder!« sagte er. »Ich bin der Gruppenkommandeur und mein Name ist von Bonin. Hartmann und Mertschat sind der 7. Staffel zugeteilt, Stiebler und Wolf der 9. Nun, welche Neuigkeiten haben Sie für mich von zuhause?«

Hartmann war sofort von diesem alten Kämpen angetan. Männer wie diese existierten an den Ausbildungsschulen nicht. Wieder war die Uniform ziemlich mitgenommen, die Hosen ausgebeult und ungebügelt, die Stiefel in einem Zustand – na ja. Auch von Bonin gab Ideen von sich, wie sie an den Ausbildungsschulen nicht gelehrt wurden.

Von Bonin hatte in der Legion Condor während des spanischen Bürgerkrieges 4 Flugzeuge abgeschossen, neun weitere beim JG 54 während der Luftschlacht um England und mehr als 40 an der Ostfront. Zweiunddreißigjährig war er ein erfahrener und kluger Jagdfliegerführer, und Erich gefiel, was er hörte.

»Hier draußen zählen nur Luftsiege, nicht Rang oder andere Würden. Am Boden halten wir militärische Disziplin. In der Luft aber wird jeder Verband von dem Piloten geführt, der die meisten Luftsiege, das größte Können und die meiste Erfahrung hat. Diese Regel gilt für jeden – auch für mich.

Wenn ich mit einem Feldwebel fliege, der mehr Luftsiege als ich hat, dann führt er den Verband. Damit kann kein Zweifel aufkommen, wer in einem fliegenden Verband die Führung übernimmt. Es gibt keinen Disput, weil nur die Luftsiege zählen.

In der Luft, im Gefecht sagt man Dinge, die man am Boden nie sagen würde – im besonderen nicht zu vorgesetzten Offizieren. Unter der Anstrengung und der Anspannung des Gefechtes läßt sich das nicht vermeiden. Alle Bemerkungen, die in der Luft fallen – sogar Beleidigungen – sind in dem Augenblick vergessen, wo Sie landen. Meine Herren, Sie werden meistens mit Feldwebeln fliegen. Die sind in der Luft ihre Führer. Lassen Sie mich nie hören, daß Sie in der Luft wegen des geringeren Dienstgrades deren Befehle nicht befolgt haben.«

46

Von Bonin meinte genau das, was er sagte. Einen Monat später hörte Hartmann den Leutnant Grislawski, einen erprobten und erfolgreichen Jagdflieger, mit seinem Rottenkameraden Major v. Bonin über Sprechfunk reden. Sie standen in einem schweren Luftkampf. Grislawski wurde wütend, denn von Bonin reagierte nicht auf seine Anweisungen.

»Wenn Sie nicht auf mich hören, dann können Sie mich mal . . .«, bellte Grislawski in das Mikrophon. Keine Reaktion.

»Verflucht und zugenäht . . .« Grislawski schleuderte seinem Gruppenkommandeur weiter Beleidigungen zu.

Als sie gelandet waren, kam Major von Bonin lächelnd auf Grislawski zu und sagte ihm, daß er seine Anweisungen gehört habe, aber nicht antworten konnte, weil sein Sender ausgefallen war.

Von Bonin praktizierte und lebte das vor, was er predigte.

Als er sein Gespräch mit Hartmann und den anderen drei neuen Piloten beendet hatte, erschien von Bonin dem jungen Hartmann mehr als verständnisvoller älterer Bruder, mehr als jemals ein anderer Offizier während seiner Dienstzeit im Kriege.

Er erweckte ein Gefühl des Vertrauens, der Verläßlichkeit und der Kameradschaft. Es gab keine leeren Formalitäten, keine Führungstricks, und Hartmann wäre dem Major von Bonin jetzt schon bis in die Hölle und zurück gefolgt.

Als er zur 7. Staffel kam, wurde Hartmann dann mit einem Mann bekannt, dem er sich für den Rest seines Lebens verpflichtet fühlen sollte – Feldwebel Eduard »Paule« Rossmann.

Der Leutnant Hartmann sollte als Rottenkamerad des Feldwebels Rossmann fliegen.

Am Boden war Rossmann der Spaßmacher, Witzbold und Playboy. Sein Temperament konnte ihn in einem Augenblick von Tränen über den Tod eines Kameraden zu einem Gelächter über einen neuen Witz bringen.

Wenn er am Morgen aufstand, schmetterte er ein Lied. Und er sang oft noch, wenn er schlafen ging. In der Zwischenzeit schlichtete er Streitigkeiten zwischen nervösen Piloten und löste die Animositäten mit Humor. Er war soweit von dem festen Bild eines Jagdfliegers entfernt, wie es ein Pilot nur sein konnte, und wie Hartmann bald herausfand, war Rossmann kein blinder Schießer. Rossmann war in der Luft ein beständiger, beruhigender Lehrer. Die Dinge, die Hartmann von diesem gewissenhaften Mentor lernte, sollten ihn an die Spitze dieser Zunft tragen.

Hartmanns Rottenflieger: 117 Luftsiege in 14 Monaten. Hans-Joachim Birkner wurde durch Erich Hartmann in die Praxis des Luftkampfes eingeführt, er schoß seinen ersten Gegner am 1. November 1943 als Hartmanns »Kaczmarek« ab. Am 14. Dezember 1944 kam er bei einem Flugunfall beim Start ums Leben. Er war Sieger in 117 Luftkämpfen und Träger des Ritterkreuzes.

»Karaya 1« – eine schlechte Verheißung für die russischen Piloten.

sichtslosen Führer losgeschickt. Auch davon hatten wir eine Menge. Ich hatte genug Furcht vor dem, was mit mir passieren könnte – und sogar in Rossmann's beruhigender Gegenwart. Er brachte mich nicht nur durch diese kritische Periode, sondern lehrte mich auch die grundlegende Technik des Überraschungsangriffes, ohne die ich meiner Überzeugung nach nur ein weiterer Kurvenkämpfer geworden wäre – vorausgesetzt, daß ich nicht selbst vorher mit meiner Kiste zuerst abgeschossen worden wäre.«

Am 5. November 1942 startete Hartmann mit Oberleutnant Trepte, dem Adjutanten des Gruppenkommandeurs, gegen Mittag mit einem aus vier Flugzeugen bestehenden Schwarm in der Nähe von Digora im Alarmstart. Hartmann's Auge war schon ganz gut, und er meldete die Gegner zuerst. Dabei zählte er sie schnell: 18 Il-2 »Stormowik«-Schlachtflieger mit einem aus 10 LaGG-3 bestehendem Jagdschutz. Zahlenmäßig ungleiche Chancen, aber die Deutschen waren schon an die zahlenmäßige sowjetische Überlegenheit gewöhnt, die seit dem Sommer 1942 ständig zugenommen hatte. Als Vorzeichen der kommenden Dinge konnte der erfahrene Leutnant Trepte den Gegner diesmal nicht sehen. Er befahl Hartmann, die Führung zu übernehmen und anzugreifen. Die Deutschen teilten sich in zwei Rotten zu zwei Flugzeugen und gingen aus ihrer Position über und hinter den Russen in einen steilen Stechflug hinein. Die Hauptaufgabe war es, die Il-2-Angriffe gegen die Spitzen der deutschen Kolonnen zu unterbinden.

Hartmann und Trepte durchbrachen den roten Jägerschirm und gaben auf ausgesuchte Ziele kurze Feuerstöße ab, während sie mit hoher Geschwindigkeit durch die feindlichen Flugzeuge nach unten stürzten. Nachdem er in 50 m Höhe abgefangen hatte, nahm sich Hartmann die Il-2 an der linken Außenseite des Verbandes vor. Er eröffnete das Feuer aus weniger als 100 m Entfernung. Treffer! Er konnte sehen, wie die 2-cm-Granaten und die Maschinengewehrgeschosse die russische Maschine trafen. Sie prallten ab! Verflucht, diese schweren Panzerplatten. Alle alten Hasen hatten vor der Panzerung der Il-2 gewarnt. Die »Stormowik« war das zäheste Flugzeug in der Luft. Hartmann erinnerte sich an ein Gespräch, das er mit Alfred Grislawski über die Il-2 geführt hatte, als er die abprallenden Geschosse beobachtete. Es gab einen Weg, diesen Typ zu erwischen. Grislawski hatte es ihm erzählt, und jetzt dachte er an Grislawski's Methode. »Versuch es, Erich. Versuch es!« Er schrie es laut sich selbst im Getöse der Waffen zu.

Er zog hoch, kurvte herum und machte einen neuen Anflug auf die Il-2. Aus einem steilen Sturzflug fing er einige Meter über dem Boden ab und setzte sich von unten hinter die gegnerische Maschine. Diesmal wartete er mit dem Feuern, bis die »Stormowik« nur etwa 60 m von ihm entfernt war. Die Einschläge seiner Waffen bewirkten sofort das Ausströmen von schwarzem Rauch aus dem Ölkühler der Il-2. Eine lange Stichflamme schoß heraus. Die Umrisse des Gegners waren schnell in Flammen gehüllt.

Das getroffene Flugzeug raste nach Osten und löste sich von dem Verband. Hartmann folgte dicht hinter ihm mit zurückgenommenem Gas, beide Flugzeuge in einem flachen Sturzflug. Eine kurze scharfe Explosion mit Stichflamme ereignete sich unter der Tragfläche der Il-2, und Trümmerteile wirbelten direkt in Hartmann's Flugbahn. Seine Me 109 wurde von einer dumpfen Explosion unter der Motorhaube erschüttert. Rauch drang aus dem Motorraum in die Kanzel und strömte unter den Motorklappen hervor. Hartmann verschaffte sich schnell einen Überblick. Höhe: zu tief, um es gemütlich zu nennen. Position: noch auf der deutschen Seite der Front. Gut. Schnell führte er die Vorbereitungen für eine weitere Bauchlandung aus. Gas raus, Haupttreibstoffhahn zu, Zündung aus. Gerade noch rechtzeitig. Flammen züngelten unter den Motorklappen hervor, als er zur Bauchlandung ansetzte. Das Jagdflugzeug schlug mit einem ohrenbetäubenden Lärm auf. Eine dichte Staubwolke wirbelte in die Kanzel und ließ Hartmann fast ersticken, als das Flugzeug weiterschlitterte, bevor es zum Halten kam.

Die Staubwolke hatte das Feuer erstickt. Als Hartmann sein Kabinendach öffnete, sah er seinen Gegner zu Tode stürzen. Etwas weniger als 2 km entfernt, nach Osten hin, raste die Il-2 dem Boden zu und zog eine Rauch- und Feuerfahne hinter sich her. Donnernd schlug der Gegner auf und zerbarst in einer Explosion, die die Luft erzittern ließ.

Erich Hartmann hatte seinen ersten Luftsieg erzielt. Die Bestätigung des Abschusses konnte keine Schwierigkeiten bereiten.

Leutnant Trepte umkreiste Hartmann's Landestelle, wackelte mit den Tragflächen und flog davon, nachdem er gesehen hatte, daß der Sieger am Leben und mobil war. Infanteristen holten den siegestrunkenen Hartmann ab und brachten ihn zu seiner Einheit zurück. 2 Tage später bekam Hartmann Fieber und lag 4 Wochen im Lazarett Piatigorsk-Essentuki. Hier hatte er Zeit, sich über all das Gedanken zu machen, was er bis dahin gelernt hatte.

Immer wieder analysierte er seine Aktionen in der Luft. Er glaubte, daß nun auch bei ihm »der Groschen gefallen war«. Er hatte die Fehler seines ersten Einsatzes vor 3 Wochen nicht wiederholt. Er hatte die Flugdisziplin nicht gebrochen, hatte sein Feuer besser zurückgehalten. Und der 2. Angriff auf die Il-2 hatte ihn gelehrt: Man muß nahe herangehen, bevor man schießt.

Sein erster Luftsieg hatte eine andere wichtige Seite, über die Hartmann in Ruhe nachdenken konnte und die er analysieren konnte, während er im Lazarett lag. Er hatte sein eigenes Flugzeug nicht wie beim ersten Mal durch Panik, Dummheit und Unerfahrenheit verloren, hätte aber trotzdem schneller abdrehen müssen. Ein schnelles Abdrehen hätte ihn vor dem Absturz bewahrt. Er hätte den Trümmern der explodierenden Il-2 ausweichen können, wenn er schneller abgedreht hätte.

In den kommenden Monaten perfektionierte er seine Angriffsmethode der 4 Schritte: »Sehen – Entscheiden – Angreifen – Abdrehen oder Pause.«

Diese Methode des Angriffs war bei seinem ersten Luftsieg ausschlaggebend. Das Glück, das er hatte, indem er zuerst mit Paule Rossmann flog, hat ihn nicht nur am Leben erhalten, sondern setzte auch die Maßstäbe für die besondere Lufttaktik, die er in den kommenden Monaten entwickeln sollte.

Diese Taktik sollte ihn zu einer nie dagewesenen Höhe des Erfolges tragen und auf dem Wege nach dort sollte er jeden zähen alten Kurvenkämpfer überholen, der jemals geflogen ist.

DIE ERSTEN SPOREN

Wenn man im Kriege nicht in der Lage ist, seinen Gegner mit dessen eigenen Mitteln zu schlagen, dann muß man sich eben eine Taktik aneignen, die der des Gegners möglichst ähnlich ist.

Winston Churchill, 1916

Als Hartmann nach seiner Genesung wieder zur Staffel zurückkehrte, war er ruhiger geworden. Das blinde Draufgängertum war durch Besonnenheit unter Kontrolle gebracht. Hartmann fand, daß man genug Zeit hat, etwas zu einem Ende zu bringen, wenn man wußte, wo die eigenen Grenzen lagen.
Er war entschlossen, keinen Gegner an Paule Rossmann heranzulassen, solange er für ihn Deckung flog. Und Rossmann sollte ihm zeigen, wie man es richtig machte.
Seine Bewunderung für Rossmann's elegante Überraschungsangriffe und dessen Treffsicherheit auf größere Entfernung wuchs immer mehr. —
Bald mußte Hartmann auch mit anderen Experten der 7. Staffel fliegen. Seine Heranbildung im Luftkampf nahm Formen an.
Experten mit langen Abschußlisten, alles Ritterkreuzträger und harte Burschen, wandten in der Mehrzahl völlig andere Methoden an als Rossmann, der zwar ein Flieger mit »Köpfchen« war, aber nicht die Muskeln zum ermüdenden Kurvenkampf hatte. Hartmann analysierte die verschiedenen Techniken, hielt Rossmann's Art zwar für die beste – aber er lernte auch von jedem der drei Kurvenkämpfer, mit denen er jetzt flog, etwas Wesentliches hinzu.
Da war der robuste Feldwebel Dammers, ein untersetzter Krieger von 30 Jahren, der seit August 1942 das Ritterkreuz trug. Dammers war ein »Muskelflieger«, ein hart kurvender aggressiver Kurvenkämpfer, der seinen Gegner körperlich fertig machen konnte, bevor er zum Abschuß ansetzte. Während Hartmann Dammers Rücken

frei zu halten suchte, lernte er einige Hauptnachteile des Kurvenkampfes kennen: die Verwundbarkeit durch andere Flugzeuge des angegriffenen Verbandes und die mangelhafte Übersicht über den Kampf. Alfred Grislawski war etwas mehr Flieger mit Kopf als Dammers, aber auch er investierte noch viel Muskelkraft. Er war im letzten Sommer ebenfalls mit dem Ritterkreuz ausgezeichnet worden, und er war es gewesen, der Hartmann auf den verwundbaren Ölkühler an der Unterseite der Il-2 hingewiesen hatte. Grislawski, der genauso überlegt wie angriffslustig war, war einer der Spezialisten des JG 52 für Il-2-Abschüsse und ein überlegter Taktiker. Am Strand des Schwarzen Meeres trat er später auf eine Mine und wurde schwer verwundet. Er überlebte den Krieg mit 133 Luftsiegen als Träger des Eichenlaubs zum Ritterkreuz.

Oberleutnant Josef Zwernemann war ein Flieger mit Kopf und Muskeln. Als Hartmann als Rottenkamerad für ihn eingeteilt wurde, war Zwernemann 26 Jahre alt und hatte schon über 60 Luftsiege erkämpft. Er ist am 8. April 1944 in der Nähe von Gardelegen nach einem heftigen Kurvenkampf gefallen. Er hatte abspringen müssen und war von gegnerischen Jägern an seinem Fallschirm hängend erschossen worden.

Diese 3 Tiger hatten eine Methode, die sich entscheidend von Rossmann's Taktik abhob. Sie gingen nahe heran, um dann erst zu schießen. Ihre Angriffe auf kurze Entfernung waren zunächst eine Überraschung für Hartmann, weil Rossmann's Können das Abschießen von Flugzeugen auf große Entfernung relativ leicht erscheinen ließ. Ohne Zweifel waren auch Grislawski's, Dammer's und Zwernemann's Methoden wirksam. Hartmann mußte daran denken, daß er seinen ersten Abschuß auch durch einen Nahangriff gegen eine Il-2 erzielt hatte. Er machte sich Gedanken darüber, ob nicht die beste Methode möglicherweise in Rossmann's Überraschungstaktik plus dem Schießen aus nächster Entfernung liegen könne.

Während er mit diesen Experten als Rottenkamerad flog, fand Hartmann wenig Gelegenheit, selbst zum Schießen zu kommen. Die Blutsauger vom Rücken der Kameraden fernzuhalten, war keine leichte Aufgabe. Darüberhinaus ließen die ständigen Verlegungen der 7. Staffel von einem Feldflugplatz zum andern Hartmann nicht zur Ruhe kommen. Im Januar verlegte die Staffel von Mineralnywody nach Armavir, um die Absetzbewegungen deutscher Heeresverbände zu schützen. Aber schon nach wenigen Tagen machte die vorrückende Rote Armee die neue Basis unbenutzbar. Hartmann sah traurig zu, wie 9 gute Me 109 gesprengt wurden, weil das Wetter es unmöglich machte, sie herauszufliegen. Danach mußten die Behelfsflugplätze in Krasnodar, Maikop und Timoschewskaja geräumt werden. Nach einer kurzen Einsatzzeit in Slawianskaja verlegte die 7. Staffel zuletzt nach Nikolajew, wo sie mit der III. Gruppe vereinigt wurde. Es waren harte, hektische Zeiten für einen jungen Einsatzpiloten. Und es gab Zeichen, daß die Bedingungen noch härter werden sollten.

Als Hauptmann Sommer als Staffelkapitän der Siebten am 10. Februar 1943 seinen 50. Luftsieg erzielt hatte, bekam er trotzdem kein Ritterkreuz. Bis dahin reichten 50 Luftsiege an der Ostfront für die Verleihung des Ritterkreuzes aus. Jetzt aber hatten sich die Anforderungen genau wie der Kampf gegen Rußland bedeutend verschärft. Im Januar und Februar 1943 erschien Hartmann das Ritterkreuz wie ein weit entferntes, unerreichbares Ziel. Seinen 2. Luftsieg erzielte er dann erst am 27. Februar 1943. Bald danach erschien bei der 7. Staffel der Mann, der Hartmann den wesentlichen Anstoß geben sollte — Oberleutnant Walter Krupinski.

Es war der gleiche Mann, der an jenem Tag gerade aus seiner bruchgelandeten Me 109 entkommen war, an dem Hartmann in Maikop eingetroffen war.

Der neue Staffelkapitän übernahm die 7. in für ihn typischer Art und erntete damit sofort Hartmann's Respekt: Krupinski kam in Taman Kuban an, stellte sich als neuer Staffelkapitän vor und verlangte sofort ein einsatzbereites Jagdflugzeug. Er startete, ging auf freie Jagd, wurde prompt abgeschossen und mußte abspringen. Nachdem er mit dem Wagen zum Platz zurückgebracht worden war, verlangte er eine andere Me 109, startete sofort wieder, erzielte diesmal 2 Abschüsse und kam heil zum Flugplatz zurück. Über diesen Mann gab es keinen Zweifel: der war ein Tiger, der brauchte keine Kasernenhofallüren, um seine Soldaten zu führen. Hartmann mochte Krupinski sofort.

Als nächstes wollte der neue Staffelkapitän einen Rottenkameraden zugeteilt bekommen. Sein Ruf als Draufgänger war ihm vorausgeeilt, und keiner wollte so recht die Verantwortung für seinen Schutz übernehmen. Paule Rossmann kam als Abgesandter zu Hartmann.

»Würden Sie bitte als Oberleutnant Krupinski's Rottenkamerad fliegen, Herr Leutnant?«

»Warum? Wollen die Unteroffiziere nicht? Oder?«

Rossmann druckste etwas verlegen herum. »Die alten Hasen sagen, er ist ein scharfer Vorgesetzter«, sagte Paule, »aber er kann nicht fliegen. Sie sind der Meinung, es ist auf jeden Fall besser, wenn ein Offizier sein Rottenkamerad ist. Wollen Sie das übernehmen?«

Hartmann konnte Rossmann den Wunsch nicht abschlagen. Er willigte ein. Als er sich dem neuen Staffelkapitän anbot, war er nicht ganz glücklich, weil die meisten Feldwebel alte Hasen waren, hochdekoriert, und normalerweise einen guten Jagdflieger von einem schlechten unterscheiden konnten. Hartmann kam sich ein wenig wie ein Opferlamm vor. Krupinski's bullige Derbheit trug kaum dazu bei, es Hartmann leichter zu machen.

Krupinski, 1,76 m groß, war bereits im Frühjahr 1943 in der Luftwaffe als eine besondere Nummer bekannt. Nach sechs Monaten Arbeitsdienst kam er am 1. September 1939 als Fahnenjunker zur Luftwaffe. Seit Ende 1941 stand er im Einsatz und war eine Zeit lang Rottenkamerad von »Macki« Steinhoff. Als Hartmann als Rottenkamerad zu Krupinski kam, hatte dieser bereits mehr als 70 Luftsiege. Krupinski stand am Ende des Krieges an 15. Stelle der Weltbestenliste mit 197 Luftsiegen.

Bei der Kapitulation gehörte er zu Adolf Galland's Eliteverband JV 44, der Me 262 Düsenjäger flog.

Was Krupinski sich geleistet hatte, trug ihm über die Jahre hinweg den Ruf einer katzenhaften Zähigkeit ein. Er manövrierte sich ständig in unmögliche Situationen hinein. Das Ergebnis waren Verwundungen, Absprünge und Bruchlandungen. Einmal machte er in der Nähe des Kubans eine Bauchlandung, ausgerechnet auf einem von den deutschen Pionieren gelegten Minenfeld.

Als seine zertepperte Mühle über das Gras schlitterte, brachte sie einige Minen zur Explosion, und Krupinski dachte, er würde von Artillerie beschossen.

Sein erster Gedanke war, aus dem Flugzeug zu springen und in Deckung zu gehen.

Ein Feldwebel von der Infanterie hat ihm das Leben gerettet, indem er ihm die wahre Ursache der Explosionen zurief, als Krupinski schon halb aus dem Cockpit heraus war. Die Soldaten brauchten dann zwei Stunden dazu, ihn aus dem Minenfeld herauszuholen.

Seine Laufbahn wies eine Reihe ähnlicher Zwischenfälle auf und fand ihren Höhepunkt in den letzten Kriegsmonaten, als er einen Erholungsurlaub im Jagdfliegerheim in Bad Wiessee verbrachte. Auf Steinhoff's Drängen riß er sich von dem großen Cognacfaß los, das den Jagdfliegern dort zur Verfügung stand, und flog eine Me 262 in Galland's JV 44.

Der »Bruch« Krupinski's in Maikop, das brennende Jagdflugzeug, das nach allen Richtungen hin scharfe Munition versprühte, war noch frisch in Hartmann's Erinnerung, als er sich meldete.

»Mein Name ist Hartmann. Ich soll Ihr Rottenflieger sein.«

»Sind Sie schon lange hier draußen?«

»Nein, etwa 3 Monate.«

»Schon Abschüsse?«

»Zwei.«

»Mit wem sind Sie bis jetzt geflogen?«

»Hauptsächlich mit Rossmann, aber auch mit Dammers, Zwernemann und Grislawski.«

»Das sind gute Leute. Wir werden miteinander auskommen. Danke, das ist im Augenblick alles.«

Heute ist Walter Krupinski Brigadegeneral in der neuen Luftwaffe und war in Fort Bliss, Texas, USA stationiert, während diese Zeilen geschrieben wurden.

Seine einzige Erinnerung an das erste Zusammentreffen mit Hartmann ist, wie jung sein neuer Rottenflieger auf ihn wirke: »Als er an diesem ersten Tage von mir wegging dachte ich: So ein junges Gesicht.«

Den gleichen Eindruck von Hartmann hatte zu dieser Zeit auch Hauptmann Rall, der bei der Umbesetzung anstelle von Bonin Gruppenkommandeur der III./JG 52 geworden war.

Rall sagte: »Ich sah ihn zuerst bei der 7. Staffel, und ich dachte nur ›was für ein Baby.‹«

Am folgenden Tag flogen Hartmann und Krupinski zum ersten Mal zusammen, und jeder war noch beim Start über den ersten Eindruck, den er vom anderen gewonnen hatte, beunruhigt. Hartmann dachte, daß er mit einem wilden Tiger zusammengespannt war, der nicht fliegen konnte, und Krupinski war sicher, daß er mit einem Küken als Rottenflieger flog. Der erste Einsatz reichte aus, um Hartmann's Meinung über seinen neuen Chef zu ändern.

Sein neuer Staffelkapitän flog, wie einer, der den Kampf sucht, mitten in einen Haufen Feinde. Er war ein angriffslustiger furchtloser Pilot, der nicht nur wie ein Teufel fliegen konnte, sondern auch einen in taktischer Hinsicht klaren Kopf behielt. Krupinski's angebliches fliegerisches Unvermögen war offensichtlich ein Gerücht, das jeder Grundlage entbehrte.

Wie dem auch sei, Krupinski fehlte es an Treffsicherheit beim Schießen, und er jagte die meiste Munition vorbei. Diese Schwäche Krupinski's wurde durch Hartmann's Können als Schütze ausgeglichen.

Hartmann hielt sich nahe bei Krupinski. Sobald sie auf Schußentfernung kamen, ging er mit der Fluggeschwindigkeit etwas herunter, um sich hinter seinem Rottenführer zu halten, wenn dieser hochzog oder abkippte. Dies gab ihm einige Sekunden Zeit zum Schießen, um die Löcher nachzuholen, die Kruppi vergessen hatte. Auf diese Weise kam er auf weitere Luftsiege.

Bald war beiden klar, daß sie sich aufeinander verlassen konnten. Allmählich konnten sie gegenseitig während der Luftkämpfe fast ihre Gedanken lesen, wie alle großen Jagdfliegerteams. Wenn Krupinski angriff, blieb Hartmann als Ausguck zurück, deckte den Rücken seines Führers und sagte ihm, was er zu tun hatte, wenn andere gegnerische Flugzeuge in den Kampf eingriffen. Wenn Hartmann angriff, blieb Krupinski als Aufpasser zurück und rief ihm Anweisungen zu, seinen Anflug zu verbessern oder Ausweichmanöver einzuleiten. Hartmann hörte Krupinski immer wieder den gleichen Befehl erteilen: »He, Bubi! Gehe noch näher ran, Du schießt zu früh.«

Hartmann hatte mit Rossmann bei Angriffen auf große Entfernung gewetteifert. Jedesmal, wenn er schoß, traf er auch. Dies beeindruckte den schlechter schießenden Krupinski. Es war aber offensichtlich, daß er noch weit besser sein würde, wenn er näher an das Ziel heran ging. Wie Krupinski später sagte: es kamen so viele junge Piloten zu uns, die in der Luft überhaupt nichts trafen, so daß sich Hartmann mit seiner Treffsicherheit auf große Entfernung sofort abhob.

Er erhielt seinen Spitznamen, der ihm noch heute anhaftet dadurch, daß Krupinski ihn in der Luft »Bubi« nannte. Die ganze Staffel nannte ihn bald Bubi und dabei blieb es auch.

Krupinski's ständiges Drängen »He Bubi, näher heran«, ermunterte Hartmann, auf immer kürzere Distanz zu gehen. Je näher er seinem Gegner kam, um so vernichtender war die Wirkung, wenn er schoß. Nur wenige Geschosse verfehlten ihr Ziel. Häufig konnte man sehen, wie sich unter der Wirkung mehrerer Waffen aus naher Entfernung das andere Flugzeug aufbäumte. Noch häufiger gab es eine Explosion in der Luft, mit der die andere Maschine auseinanderbrach.

Nach kurzer Zeit hatte Hartmann jene Taktik des Luftkampfes entwickelt, von der er sich nicht mehr trennen sollte. Die magischen 4 Stufen hießen: Sehen – Entscheiden – Angriff – Abdrehen oder Pause. In der Sprache des Laien: den Gegner erfassen; entscheiden, ob man ihn angreifen und überraschen kann und sofort nach dem Angriff wieder abdrehen; oder wenn er einen entdeckt, bevor man angreifen kann, macht man eine Pause – wartet, zieht von dem Gegner weg und läßt sich nicht auf einen Kurvenkampf ein mit einem Gegner, der weiß, daß man da ist.

Die strikte Einhaltung dieser Methode brachte Erich Hartmann an die Spitze. Die erfolgreiche Partnerschaft in der Luft mit Krupinski führte natürlich auch zu einer herzlichen Freundschaft am Boden. Krupinski's Spitzname »Graf Punski« war nicht bloß so aus der Luft gegriffen, sondern paßte auch auf den Liebling der Damen und den Salonlöwen.

So wie er in der Luft ganz Mut und Krallen war, so war er am Boden ganz Charme und Glanz, ein glückhafter und gutaussehender Jagdflieger.

Fliegen kam bei Krupinski an erster Stelle. Wo immer die Staffel Quartier bezog, war der Bau einer Bar aber das zweite Anliegen.

Hartmann sagt heute über ihn: »Graf Punski war der Frank-Sinatra-Typ, charmant, adrett und ein Liebhaber schöner Frauen.

Der in der Luft und am Boden gefährlich lebende Gentleman wurde nach dem Kriege äußerlich seriös, aber in ihm verborgen liegt noch der alte Kruppi – ein Tiger ohne Zähne. Wie ich.«

Unter Krupinski's Führung brachte es Hartmann bis zum 24. März 1943 auf 5 Luftsiege. Seine ersten Abschüsse wurden in folgender Reihenfolge erzielt:

5. Nov. 1942	2 Einsätze	4 Douglas Boston abgeschossen
27. Jan. 1943	2 Einsätze	1 Il-2 abgeschossen
9. Febr. 1943	2 Einsätze	2 Mig-1 abgeschossen
10. Febr. 1943	5 Einsätze	3 LaGG-3 abgeschossen
24. März 1943	2 Einsätze	5 U-2 abgeschossen

Erich's 5. Luftsieg brachte ihm die Verleihung des EK 2, seine erste Auszeichnung.

Bis Ende April 1943 hatte sich Hartmann mit 110 Einsätzen qualifiziert, selbst Rottenführer zu werden. Mit 8 Luftsiegen erhielt er eine Rotte. Am 30. April 1943 erzielte Hartmann weitere 3 Abschüsse. Das Fliegen zusammen mit Krupinski war ein unvergeßliches Erlebnis gewesen, aber Hartmann hatte seine eigenen Vorstellungen, die sich auf seine ersten Einsätze mit Rossmann abstützten, und die durch Dutzende von Einsätzen erweitert wurden, die er mit erfahrenen »Kurvenkämpfern« flog. Als Rottenführer konnte er jetzt die Dinge wenigstens nach diesen eigenen Vorstellungen bestimmen.

Die erfolgversprechende Angriffsmethode in 4 Stufen hatte sich bereits gedanklich bei ihm vorgeformt. Und er war entschlossen, einen weiteren Führungsgrundsatz nie aufzugeben oder zu ändern. Genau wie seine Angriffsmethode entstammte er seinen ersten Erfahrungen, die er bei Rossmann gemacht hatte: Paß auf Deinen Rottenkameraden auf, damit er nicht verloren geht!

Die lange Reihe der Luftkämpfe, den Weg bis zu den Brillanten, und dann noch 10 1/2 Jahre in sowjetischen Gefängnissen überlebt zu haben, über all dies kann er mit Abstand, Objektivität und Bescheidenheit sprechen. Aber daß er seine jungen und unerfahrenen Rottenkameraden lebend über die Runden brachte und nie auch nur einen von ihnen verlor, ist eine Erinnerung und eine Leistung, auf die er mit Recht stolz ist.

Nur ein einziger mit ihm fliegender Rottenkamerad wurde jemals abgeschossen, blieb aber bei diesem Erlebnis unverletzt. Es war der ehemalige Kampfflieger Major Günther Capito, der gegen Kriegsende ohne irgendeine Umschulung zu Hartmann's Gruppe versetzt wurde. Der Übergang zur Jagdfliegerei kam für Capito im Alter von 32 Jahren ziemlich spät, aber für ihn war es der einzige Weg, weiter fliegen zu können. Nach Capito's eigenen Worten: »Es war eine Umstellung, die mir ziemlich schwer gefallen ist.«

Die Art, wie beide Männer aufeinander reagierten, sollte sich sogar in der neuen Luftwaffe der 50er und 60er Jahre noch ein paarmal wiederholen. Capito schildert den ersten Eindruck, den er 1945 von Erich Hartmann gewann, als »nicht gerade umwerfend.« Er sagte: »Was da vor mir stand, war ein schlaksiger, salopper, junger Mann mit unvorschriftsmäßiger Frisur unter einer völlig zerknitterten Mütze. Er hatte eine einschläfernd langsame Stimme. Ich dachte bei mir selbst, daß er den Spitznamen verdient habe, und fragte mich: ›Sowas soll Kommandeur sein?‹ Der Eindruck blieb auch während der nächsten paar Tage, mit der Ausnahme, daß er so etwas wie Temperament zeigte. Wenn man über Fliegen, Jagdflieger oder Luftkämpfe sprach, dann wurde er munter und sprach laut und deutlich. Dann konnte man fühlen, daß er ein netter Kumpel sein konnte, der dank seiner Jugend völlig unvoreingenommen war.

Trotzdem konnte ich ihn mir nicht als Kommandeur vorstellen, und dieser Eindruck änderte sich auch nicht bis zum Ende des Krieges.« Als ein im Frieden ausgebildeter Berufsoffizier, der dienstälter und dazu noch Bomberpilot war, konnte sich Capito bei den Jägern nicht so recht wohlfühlen. Das ohne Formalitäten ablaufende, uneingeschränkte Leben eines Jagdfliegers an der Front, das Hartmann so gerne mochte und das seinem Temperament lag, berührte Capito unangenehm.

Trotzdem wollte der frühere Kampfflieger unbedingt als Hartmann's Katschmarek fliegen und fragte ihn jeden Tag nach einer Gelegenheit. Hartmann versuchte, Capito davon abzubringen und ihm klar zu machen, daß der Krieg bald vorüber sei und ein Bomberpilot in einer Me 109 unweigerlich Schwierigkeiten bekommen müsse. Capito bestand weiter darauf, als Hartmann's Rottenkamerad zu fliegen. Endlich willigte dieser ein. Um den früheren Bomberpiloten besser auf die größere Geschwindigkeit und die höheren Anforderungen des Fliegens von einsitzigen Jagdflugzeugen hinzuweisen, machte Hartmann ihn besonders auf die Notwendigkeit aufmerksam, dicht bei seinem Rottenführer zu bleiben. Er machte Capito extra darauf aufmerksam, enge Kurven zu fliegen, weil dies ein unabdingbarer Teil des Jägerkampfes sei.

In einem Luftkampf mit Airacobras wurden Hartmann und Capito von zwei höher fliegenden russischen Rotten angegriffen. Hartmann erzählt die Geschichte:

»Ich ließ die russischen Jäger bis auf Schußentfernung herankommen und rief Capito zu, dicht bei mir zu bleiben. Es war genau die Situation, auf die ich ihn vorher hingewiesen hatte. Als die Russen anfingen zu schießen, drehte ich auf gleicher Höhe in einer steilen Kurve auf sie zu, aber Capito konnte mir dabei nicht folgen. Er flog eine weite Kurve – wie bei den Bombern üblich. Nach 180° waren er und die angreifenden Airacobras mir genau gegenüber. Jetzt rief ich ihm zu, in entgegengesetzter Richtung zu kurven, damit ich die roten Jäger auseinandertreiben könne. Aber bei dieser zweiten, nach Bombermaßstäben geflogenen Kurve, erwischte es ihn bereits. Ich sah das Ganze und befahl ihm, zu stürzen und sofort auszusteigen. Zu meiner großen Erleichterung sah ich ihn aus dem Flugzeug aussteigen und den Fallschirm aufgehen, aber ich war über seine Unfähigkeit, sich an Anweisungen zu halten, verärgert.

Ich setzte mich hinter die Airacobra, ging nahe heran und brachte das gegnerische Jagdflugzeug nach einem kurzen Feuerstoß zum

Absturz. Es zerbarst in einer enormen Explosion etwa drei Kilometer von dem Punkt entfernt, an dem Capito mit dem Fallschirm gelandet war, und etwa 1 1/2 Kilometer von unserem Platz entfernt. Ich war glücklich, diese Airacobra heruntergeholt zu haben, aber ich machte mir auch den Vorwurf, gegen mein Gefühl gehandelt zu haben – nämlich nicht mit Günther Capito zu fliegen.«

Hartmann flog zum Platz zurück, nahm sich einen Wagen und holte den zerknirschten Capito ab. Sie fuhren zu dem abgeschossenen Jagdflugzeug hinüber. Der russische Pilot, ein Hauptmann, war bei dem Aufprall aus der Maschine geschleudert und getötet worden. Er hatte eine große Summe deutschen Geldes bei sich; annähernd 20 000 Mark.

Dies war der einzige von 1400 Kampfeinsätzen, bei dem einem Rottenkameraden Hartmann's etwas zugestoßen war.

Günther Capito überlebte den Krieg unverletzt und diente wie Erich Hartmann als Oberst in der neuen deutschen Luftwaffe. Im folgenden beschreibt er seine Gefühle nach diesem Abschuß. »Ich war schrecklich zerknirscht und hatte das Gefühl, daß ich auf den Knien büßen sollte. Der tote Russe hatte 25 Luftsiege und ich war sein 26. Mein Bezwinger war offenbar kein solcher Anfänger wie ich gewesen. Erst am Abend bei der ›Geburtstagsfeier‹, die traditionsgemäß für alle Piloten gegeben wurde, die dem Tod entronnen waren, erholte ich mich langsam wieder.«

Günter Capito wurde bei Kriegsende zusammen mit Erich Hartmann gefangengenommen und später von den Amerikanern an die Sowjets ausgeliefert. Er blieb bis 1950 in russischer Gefangenschaft. Heute wohnt er bei Troisdorf in der Nähe von Bonn.

Obwohl Hartmann mehr Chancen für Abschüsse hatte, nachdem er im Frühjahr 1943 die Führung einer Rotte übernommen hatte, war er entschlossen, in erster Linie auf seine Rottenkameraden aufzupassen. Er brauchte eine gewisse Eingewöhnungszeit als Rottenführer, in der er seinen besonderen Angriffsstil entwickelte und gleichzeitig die Sicherheit seines Rottenfliegers im Auge behielt. Eine Zeitlang versuchte er den draufgängerischen Krupinski zu kopieren. Diese Nachahmung war für einen jungen, leicht zu beeindruckenden Mann nur allzu natürlich.

Ereignisse, Erfahrungen und neue Verantwortung veranlaßten Hartmann jedoch bald, die Masche à la Krupinski wieder fallen zu lassen. Er konnte nicht wie ein anderer Mann sein und gleichzeitig er selbst bleiben. So fand er seinen eigenen Weg, entfaltete eigene

Führungsqualitäten, und seine Männer folgten ihm. Bimmels Ergebenheit als 1. Wart ist ein Beispiel für diesen Geist, wie er sich am Boden zeigte. In der Luft zügelte sein Verantwortungsgefühl für seine Rottenkameraden nicht nur seine natürliche Impulsivität, sondern rief auch Vertrauen und Ergebenheit bei jedem hervor, der mit ihm flog. Er brachte sie alle wieder zurück.

Bis zum 25. Mai 1943 hatte er weitere 6 Luftsiege erzielt. An diesem Tage startete er im Morgengrauen und kam bereits nach einigen Minuten zu einem Überraschungsangriff auf eine sowjetische LaGG-9. Beim Abbrechen des Angriffes stieg er steil der Sonne entgegen und stieß, halb geblendet, mit einer anderen LaGG-9 zusammen. Vorsichtiges Fliegen und das Können des erfahrenen Segelfliegers waren die Erklärung dafür, daß er die beschädigte Me 109 auf deutsches Gebiet zurückbringen konnte. Hinter den vordersten deutschen Linien machte er seine 5. Bauchlandung.

Seine Nerven waren durch diesen Zusammenstoß einigermaßen angeschlagen, so daß es gerechtfertigt schien, ihn zu einem kurzen Urlaub in die Heimat zu schicken. Hrabak gab die Anweisung, und bald darauf war Hartmann auf der Reise nach Stuttgart. Vier Wochen Urlaub – ein fast unvorstellbarer Luxus für ein Frontschwein. Usch sah hübscher aus, als er sich erinnern konnte.

Man konnte in tiefen Sesseln sitzen, in weichen Betten mit sauberen Laken schlafen und war nicht dem unaufhörlichen Druck der Kämpfe ausgesetzt.

Einmal schreckte er mitten in der Nacht hoch, weil er sich eingebildet hatte, den Warnruf des Rottenkameraden: »Abdrehen, Abdrehen!« gehört zu haben. Er kam sich dumm vor und ließ sich wieder in das Bett zurückfallen. Der Krieg war Hunderte von Kilometern entfernt. Oder war er überhaupt noch so weit entfernt?

Während er still im Dunkeln dalag, dachte er an die Entwicklung der Ereignisse.

Bis zum Frühjahr 1943 waren die alliierten Bombenangriffe gegen Deutschland noch kein Grund für schwere Besorgnisse. Die deutschen Nachtjäger waren ziemlich erfolgreich, und die Wirkung der RAF bei Nacht hielt sich in Grenzen.

Trotzdem: der Gegner wurde ohne Zweifel immer stärker, warf mehr Bomben und führte größere Angriffe durch. Wenn tausend Bomber gleichzeitig ein Ziel angriffen, dann gab es verheerende Schäden. Der RAF-Angriff auf Köln im Frühjahr hatte diese Entwicklung erkennen lassen.

Die deutsche Propaganda suchte die Wirkung der alliierten Angriffe zu bagatellisieren, besonders die kürzlich durchgeführten Angriffe der RAF gegen die Talsperren an Eder und Möhne.

Ganze Ortschaften waren nach der Zerstörung der Sperrmauern in den freigewordenen Wassermassen untergegangen; Teile von Kassel wurden überschwemmt. Die britische Radiopropaganda kündigte ein Zunehmen der Luftangriffe gegen Deutschland an. Für einen bis zum Letzten an der Ostfront kämpfenden Jagdflieger war es ein beunruhigender Gedanke, daß Tausende von alliierten Bombern bei Tag und Nacht über der Heimat ausschwärmen konnten.

Am nächsten Tage kam Hartmann ins Wohnzimmer seiner Eltern in Weil, als Göring gerade im Rundfunk sprach. Sein Vater hörte Göring's schwülstigen Phantastereien mit zweifelndem Gesichtsausdruck zu. Er stellte das Radio leiser und schaute seinen Sohn direkt an: »Hör zu, mein Junge, heute heißt es ›Hosianna in der Höh'‹, morgen ›Kreuzigt ihn!‹ Nie werden wir diesen Krieg gewinnen. Welche Fehler und welche Verschwendung.«

Dr. Hartmann kannte die Welt zu gut und hatte zuviel Lebenserfahrung und Menschenkenntnis, um sich von der Propaganda täuschen zu lassen. Denselben Standpunkt hatte er bereits 1939 vertreten. Seine Einstellung war gleich geblieben – der Krieg würde für Deutschland mit einer Katastrophe enden. Göring's Versicherungen bedeuteten ihm nichts.

Die Kunde von den massiven, neuen Bombenangriffen machte in Deutschland die Runde, und Dr. Hartmann kam in seiner Arztpraxis mit vielen Leuten zusammen, die die Schäden in den anderen Städten gesehen hatten.

Zum ersten Male fühlte Erich Hartmann die Unruhe in der deutschen Zivilbevölkerung. Seine Eltern waren um seine Sicherheit besorgt. Usch konnte nicht verbergen, daß sie unglücklich war. Trotz aller Fröhlichkeit der letzten Tage konnte ihm die tiefe Sorge seiner Lieben zu Hause nicht länger verborgen bleiben.

Als er wieder bei seiner Staffel war, warf er sich mit all seiner Kraft wieder in den Kampf.

Am 5. Juli 1943 schoß er in 4 Einsätzen 5 LaGG-5-Jäger ab, bis dahin seine beste Tagesleistung. Dieser Triumph wurde durch ein für Krupinski typisches Unglück getrübt, das Erich sehr traurig machte. In einer wilden Kurbelei über dem Platz der 7. Staffel wurde Krupinski's Me 109 schwer am Leitwerk und in der Nähe des Ölkühlers getroffen. Mit nur teilweise funktionierendem Ruder setzte Krupinski sofort zur Landung an, da er wußte, daß die Beschädigung seines Flugzeuges jedes Durchstarten unmöglich machte. Gerade als er zur Notlandung ansetzen wollte, startete der Alarmschwarm im rechten Winkel zu seiner Landerichtung. Während er sein beschädigtes Flugzeug nach unten zwang, wurde Krupinski klar, daß er sich am Boden überschlagen oder aber mit dem gerade startenden Alarmschwarm zusammenstoßen mußte. Er versuchte auszuweichen, und so überschlug sich das Flugzeug und fiel auf den Rücken. Dabei schlug Krupinski's Kopf hart auf das Reflexvisier auf. Als die Rettungsmannschaften 2 Minuten später die Unfallstelle erreichten, hing er halb ohnmächtig in den Gurten. Blutend und mit Benzin durchtränkt drehte er beinahe durch, weil er meinte, auch das Benzin wäre frisches Blut. Die Rettungsmannschaften befreiten ihn aus dem Wrack und brachten ihn schnell in die Obhut des Arztes. Er hatte einen Schädelbruch und konnte 6 Wochen nicht fliegen. Sein Weggang war ein schwerer Schlag für die Staffel und besonders für Hartmann, der diesen guten Kameraden vermißte.

Fünf weitere Piloten, ein Drittel der ganzen Staffel, gingen am gleichen Tage wie Krupinski verloren. Deswegen hörte der Krieg aber nicht auf. Zwei Tage später holte Erich vier weitere LaGG-5 und drei Il-2 herunter – 7 Abschüsse an einem Tage. Er hatte jetzt 22 bestätigte Luftsiege, und die Gesamtabschußzahl der 7. Staffel stieg auf 750.

Am nächsten Tag schoß er weitere 4 LaGG-5 ab. Für Hartmann gab es nun keinen Zweifel mehr, daß er eine sichere und wirkungsvolle Angriffsart gefunden hatte. »Sehen – Entscheiden – Angriff – Abdrehen oder Kaffeepause.« Er entwickelte ein immer besseres Auge, und bei jedem neuen Angriff ging er extra wieder etwas näher heran, bevor er feuerte. Der Punkt, an dem die meisten Angreifer abdrehten, war nach Hartmann's Meinung für die Feuereröffnung immer noch viel zu weit entfernt.

Er überwand seine natürliche Abneigung, zu nahe an den Gegner heranzukommen. Je näher er heranging, bevor er schoß, um so vernichtender war die Wirkung und um so sicherer der Abschuß.

Am 1. August 1943 hatte er 46 bestätigte Luftsiege. Zwei Tage später ging um 18.30 Uhr bei Charkow eine LaGG-5 in Flammen nieder. Sie war sein 50. Abschuß. Früher hätte das ausgereicht, um ihn mit dem Ritterkreuz auszuzeichnen. Aber jetzt galt ein strengerer Maßstab.

Der berühmteste sowjetische Jagdflieger. Oberst Alexander I. Pokryschkin, 50 Luftsiege, war der beste Taktiker der Russen und Kommandeur von Garde-Jagdflieger-Regimentern, die des öfteren dem JG 52 gegenüberstanden.

Der erfolgreichste alliierte Jagdflieger des 2. Weltkrieges. Der sowjetische Generalmajor Iwan N. Koschedub, dem 62 Luftsiege zugesprochen wurden. Koschedub soll im Koreakrieg MiG-Verbände geführt haben.

Abgeschossenes Schlachtflugzeug Il-2 »Stormowik«. Diese Il-2 wurde am 12. August 1944 von deutschen Jagdfliegern nördlich von Jassy, Rumänien, abgeschossen. Dieser Typ war stark gepanzert und deshalb schwer zu bekämpfen, nicht zuletzt auch wegen des Bordschützen, und weil diese Flugzeuge meist nur in niedrigen Höhen flogen.

Rußland. Angehörige des JG 52 mit dem Fahrrad unterwegs in einem typischen Dorf auf der Halbinsel Krim.

Ein typischer Schnittpunkt von Vormarsch- und Versorgungswegen im Rußlandfeldzug.

Günther Rall hatte als Gruppenkommandeur der III./JG 52 Hartmann's Fortschritte genau beobachtet. Es gab Zeiten, zu denen Rall ihm schon eine Staffel hätte geben können. Er nahm aber immer wieder Abstand davon, den vielversprechenden Neuankömmling zu schnell vorwärts zu schieben. Erst im September 1943 entschied Rall, daß Hartmann jetzt mit einer Staffel fertig werden könne und ernannte ihn zum Chef der 9. Staffel, nachdem der bisherige Staffelkapitän Leutnant Korts gefallen war. Die 9. war Herrmann Graf's alte Staffel – jenes Mannes, der zuerst 200 Luftsiege erreicht hatte – und sie hatte eine Tradition zu wahren.

Hartmann wuchs mit seiner Verantwortung. Fünf Einsätze am Tage waren die Norm. Die russische Offensive war im Südabschnitt der Ostfront in vollem Gange, und an Gegnern mangelte es nicht. Am 5. August 1943 verbesserte Hartmann sein Abschußergebnis auf 60 Luftsiege, erzielte 10 weitere in den nächsten 3 Tagen. Bereits am 17. August 1943 hatte er 80 Luftsiege und damit die Marke Manfred von Richthofen's aus dem 1. Weltkrieg erzielt.

Ende September 1943 hatte er mit 115 Luftsiegen das Abschußergebnis von »Vati« Mölders eingeholt, der als erster Jagdflieger der Geschichte 100 Flugzeuge im Luftkampf abgeschossen hatte. In der Luftwaffe jeder anderen kriegsführenden Macht wäre Erich Hartmann jetzt ein Nationalheld gewesen.

An der Rußlandfront waren 100 Luftsiege aber eine relativ normale Leistung, und die Extraklasse begann eigentlich erst mit 150 Luftsiegen.

Der blonde, junge Staffelkapitän reihte weiterhin Erfolg an Erfolg. Die Tage mit mehrfachen Abschüssen wurden immer häufiger, je mehr sein Selbstvertrauen zunahm. Aber auch die russischen Flugzeuge und Piloten wurden immer besser. Luftsiege waren allmählich immer schwieriger zu erzielen.

Am 29. Oktober 1943 bezwang der Leutnant Erich Hartmann seinen 150. Gegner im Luftkampf. Jetzt stand er genau mit Krupinski gleich, der seinen 150. Luftsieg am 1. Oktober 1943 errungen hatte. Aber Krupinski hatte schon seit 1941 mitgemischt. Seit dem 27. Februar 1943 hatte Hartmann 148 Abschüsse erzielt, eine hervorragende Leistung in 8 Monaten.

Für diese Tat wurde er mit dem Ritterkreuz zum Eisernen Kreuz ausgezeichnet.

Als die Neuigkeit der Auszeichnung bei der Staffel eintraf, freute sich Bimmel Mertens ganz besonders. Er schüttelte seinem jungen

Chef die Hand: »Wenn Sie so weiter machen, dann bin ich davon überzeugt, daß Sie einmal zum Größten aller Jagdflieger werden – keiner wird an Sie heran kommen.«

Während sein erster Wart ihm die Hände schüttelte, mußte Hartmann daran denken, wieviel er diesem ergebenen Kameraden verdankte.

»Bimmel«, sagte er, »Du bist total verrückt, aber wenn ich die Spitze erreiche, dann nur deshalb, weil mein Flugzeug mich dank deiner Hilfe nie im Stich gelassen hat.«

Am 29. Oktober 1943 erhielt er die Auszeichnung, mit der ein Preis verbunden war, der ihm viel mehr wert war: zwei Wochen Sonderurlaub zuhause bei seiner geliebten Usch.

IM GRIFF DES BÄREN

Nur der ist verloren, der sich selbst verloren gibt.

(Quelle unbekannt)

Die ganze Nacht des 19./20. August 1943 hindurch hielt der Donner der russischen Artillerie an und ließ Hartmann kaum schlafen. Er hatte an diesem Tage seinen 300. Einsatz geflogen und war todmüde. Ein großer russischer Angriff stand bevor. In der Vordämmerung verbreitete sich die schlechte Nachricht auf dem Flugplatz der 7. Staffel in Kuteynikowo im Donez-Becken. Die Russen waren durchgebrochen. Es drohte die Einkesselung großer deutscher Heeresverbände.

Hartmann stand von seiner Pritsche auf und zog sich an; die Staffel bereitete sich auf einen Alarmstart vor. Während die Piloten verschlafen im Halbdunkel aus ihren Zelten krochen, flogen die Gerüchte hin und her. Der Flugplatz erwachte durch das ohrenbetäubende Dröhnen anspringender Jagdflugzeugmotoren. Seit Krupinski's Absturz im Juli hatte Hartmann die 7. Staffel vertretungsweise geführt. Er ging zu der Hütte hinüber, aus der Oberstleutnant Dietrich Hrabak, Kommodore des JG 52, den Einsatz leitete.

Kühl und präzise wie immer wies Hrabak Hartmann schnell in die Lage ein.

»Ihre Staffel wird den 1. Einsatz übernehmen, Hartmann. Wir werden den ganzen Tag über rollende Einsätze fliegen, um die Luft von russischen Jagdbombern frei zu halten.«

Hrabak's Finger deutete auf ein Gebiet auf der Karte.

»Der Haupteinbruch ist hier. Rudel's Stukas werden den Russen die Hölle heiß machen. Decken Sie die Stukas und nehmen Sie sich die russischen Jagdbomber in erster Linie vor. Wenn sich kein Gegner in der Luft zeigt, greifen Sie die Iwans im Tiefflug an. Hauen Sie ab, und Hals- und Beinbruch.«

Hartmann versammelte seine 7 Piloten um sich und wies sie in die Lage ein. Sie würden in offener Formation fliegen.

»Wenn ich den Befehl zum Angriff gebe, bleibt jeder Rottenflieger wie angeklebt bei seinem Rottenführer. Jeder Rottenführer kämpft mit seiner Rotte seinen eigenen Luftkampf. Ziel Nr. 1 sind die Jagdbomber und Schlachtflieger. Wenn ich zuerst angreife, dann bleibt die 2. Rotte in überhöhter Position, um aufzupassen. Und wenn ich hochziehe, greift die 2. Rotte an, während ich aus der Überhöhung aufpasse. Wenn wir auf große Zahlen treffen, dann greift jede Rotte für sich selbst an. Ich hoffe, niemand macht mir Kummer durch Nichteinhaltung der Flugdisziplin. Hals- und Beinbruch!«

Dann ging Hartmann zu Mertens hinüber, der schon mit der einsatzbereiten »Karaya 1« auf ihn wartete. »Alles in Ordnung?« fragte Hartmann.

Mertens nickte. Erich wußte, daß sein erster Wart immer fertig war, wenn es darauf ankam. Höchstwahrscheinlich war er schon einige Stunden auf und hatte an dem Flugzeug rumgefummelt.

Als er sich in die Kabine zwängte und den Fallschirm unter sich schob, mußte Hartmann wieder daran denken, wie glücklich er war, gerade den zuverlässigen »Bimmel« zu haben, der für seine Kiste verantwortlich war. Hartmann hakte seine Gurte ein und ließ sie locker, damit er sich bequem in dem engen Cockpit bewegen konnte. Er machte alle notwendigen Handgriffe.

Treibstoffhahn offen ... Leistungshebel auf $^1/_3$ ... Anlaßpumpe 3, 4, 5 mal ... Wasserkühlung geschlossen ... Propeller auf Automatik ... Magnetzündung auf beiden ... Alles lief glatt, während zwei Warte den Schwungkraftanlasser zu drehen begannen. Das schwirrende Singen steigerte sich.

»Frei!« Der Ruf des Warts zeigte an, daß die Kurbel frei war.

Hartmann zog die Kupplung, und der Propeller begann sich zu drehen. Der Motor zündete augenblicklich, lief an und erfüllte die Luft mit seinem ruhigen Dröhnen.

Hartmann überprüfte den Öldruck, Kraftstoffdruck, Ladedruck und Kraftstofffluß, das Kühlsystem, und dann hintereinander die beiden Magnete. Er rollte zum Start, gab Bimmel ein Handzeichen, stiller Dank des Piloten für ein gut gewartetes Flugzeug. Hartmann überprüfte noch einmal alles.

Sein Vogel war zum Flug bereit. Er zog seinen Gurt fest, beschleunigte die Me 109 in den leichten Wind hinein und raste über das

Gras. Die Maschine hob ab und glitt durch die ersten Sonnenstrahlen, die die Wolken durchbrachen, nach oben.

Das Fahrwerk fuhr ein und rastete mit einem sanften Ruck ein. Er prüfte die Klappenstellung, trimmte nach und entsicherte die Waffen. Elektrisches Visier und F/T waren eingeschaltet. Jetzt war sein Vogel zum Kampf bereit. Während er von dem Platz wegkletterte, drehte Hartmann nach Osten auf die blutrote, aufgehende Sonne ein. Im Nordosten markierten schwarze Rauchsäulen die Kampfzone. »Nicht mehr als 10 Minuten Flugzeit, Erich,« sagte er laut zu sich selbst. Dann drehte er sich um, um nach seiner Herde zu schauen.

Er zählte ab. Leutnant Kiebellus neben seiner eigenen Tragfläche. Ofw. Eberhardt führte die zweite Rotte mit Uffz. Martin als Rottenkamerad. Auch beim zweiten Schwarm war alles in Ordnung. Die Führung hatte Leutnant Johannes Bunzek, ein Pilot, den Hartmann selbst als seinen Rottenflieger eingewiesen hatte. Bunzek flog mit dem Kopf und war ein guter Schütze. Uffz. Wundke führte die zweite Rotte mit Uffz. Graff als Rottenkamerad. Kampfbereit und zuversichtlich flogen die acht Me 109 ihrem Treffpunkt mit Rudel's Stukas entgegen.

Rauchsäulen und die aufzuckenden Blitze von Granateinschlägen über einem ausgedehnten Gebiet zeigten die Linie des Sperrfeuers und der schweren Kämpfe an der Front. Als Hartmann mit seiner Staffel dem Schlachtfeld näher kam, konnte er etwa 40 Schlachtflieger vom Typ Il-2 Stormowik erkennen, die die deutsche Infanterie mit Bomben eindeckten. Für jede »Stormowik« flog ein russischer Jäger Deckung über dem Gebiet; ungefähr 40 LaGG-5 und Jak-9 kreisten kampfbereit.

Hartmann stürzte durch die russischen Jäger hindurch nach unten und feuerte kurz auf einzelne Ziele auf diesem Weg. Dann fielen die Me 109 über die tieffliegenden Stormowik's her.

Jede einzelne der gepanzerten Stormowik's, die sie abschießen konnten, würde ihren Kameraden von der Infanterie wieder etwas Luft verschaffen.

Während er hinter einer Il-2 mit hoher Geschwindigkeit auf Schußposition hochzog, beobachtete Hartmann genau, wie sich die Entfernung verringerte. 200 m . . . 150 m . . . 100 m . . . Wie ein drohender schwarzer Schatten füllte die Stormowik Hartmann's Frontscheibe. Er war auf 75 m oder weniger herangekommen. Ein kurzer Feuerstoß aus allen Waffen.

Nach einer heftigen Explosion brach bei der russischen Maschine die Backbordtragfläche weg. Hartmann drehte sofort ab und jagte mit hoher Geschwindigkeit hinter einer zweiten tieffliegenden Stormowik her.

Die Nähe Hartmann's nicht ahnend, beschoß sie die deutsche Infanterie mit Bordwaffen.

»Karaya 1« verringerte die Entfernung auf Schußposition. Hartmann wartete wieder bis zum letztmöglichen Augenblick. Heran bis auf 100 m. »Nicht dicht genug, Erich. Diese Il-2 ist der zäheste Vogel in der Luft.« Aus 50 m Entfernung drückt er auf die Waffenknöpfe zu einem konzentriertem Feuerstoß aus allen Rohren.

Die Stormowik sackte durch, erzitterte und stand plötzlich vom Bug bis zum Heck in Flammen. Hartmann zog dicht über die getroffene Il-2 weg und suchte das nächste Ziel.

Unter dem Rumpf von »Karaya 1« knallte es ein paarmal. Es hörte sich wie Fehlzündungen an. Hartmann sah eines seiner Motorabdeckbleche wegfliegen und nach hinten im Luftstrom verschwinden. Erstickender blauer Qualm drang in die Kabine.

Er sprach wieder laut mit sich selbst. »Was zum Teufel ist jetzt passiert, Erich? Egal! Hau ab in Richtung Westen, solange Du noch kannst. Bevor dieser verfluchte Vogel 'runterfällt.« Er flog eine steile Kurve nach Westen und nahm das Gas raus. Zündschalter und Kraftstoffhahn aus. »Mensch, jetzt geht's runter. Aber wo? Da ist ein großes Feld, eine Menge Sonnenblumen ... darauf zuhalten. Den Bock sachte nach unten bringen, Erich ...«

Er setzte leicht auf und holperte mit metallischem Scheppern zu einem Stop. Hartmann war wieder einmal davon gekommen.

Er schnallte seinen Fallschirm ab und machte sich fertig, um aus dem lädierten Jagdflugzeug auszusteigen. Er griff nach vorne zum Instrumentenbrett und begann die Halterung der Flugzeuguhr zu lösen. Es bestand ein ständiger Befehl an alle Piloten, die eine Bauchlandung überlebten, diese Präzisions-Instrumente mitzunehmen, da diese Uhren äußerst knapp waren. Er mühte sich mit den verbogenen Stiften ab, an denen die Uhr befestigt war und war mit dem Ausgang des Luftkampfes garnicht zufrieden. »Verdammt, du hast heute morgen ja noch gar nicht gefrühstückt.« Er brach sein Selbstgespräch ab, als er durch die verstaubte Panzerscheibe eine Bewegung feststellte. Ein deutscher Lkw kam in Sicht. Hartmann war erleichtert. Er wußte nicht, wie weit er nach Westen geflogen war, bevor er die Bauchlandung machte; aber der deutsche Lkw war eine Beruhigung. Von Luftwaffenpiloten, die hinter den sowjetischen Linien gelandet waren, hörte man nur selten wieder etwas. Er mühte sich wieder mit der Uhr ab und schaute auf, als er die Bremsen des Lastwagens quietschen hörte.

Erschrocken schaute er ein zweites Mal hin.

Zwei kräftige Soldaten, die fremde Uniform trugen, sprangen von der Pritsche des Lastwagens. Dann kamen die beiden Männer auf den notgelandeten Jagdflieger zu, und Hartmann fühlte, wie so etwas wie Furcht über ihn kam.

Die Männer hatten asiatisch geschnittene Gesichter. Diese Russen benutzten einen erbeuteten deutschen Lastwagen und waren nun dabei, einen Deutschen gefangen zu nehmen, der dazu paßte. Hartmann brach der kalte Schweiß aus, als die beiden Russen auf ihn zu kamen. Wenn er versuchte, auszusteigen und zu fliehen, würden sie ihn niederschießen. Da blieb nur eine Wahl. Er mußte eine Verletzung vortäuschen. Er würde versuchen, sie davon zu überzeugen, daß er bei der Bruchlandung eine innere Verletzung davongetragen habe.

Als die Soldaten auf die Tragfläche sprangen und neugierig in die Kabine schauten, stellte er sich bewußtlos. Einer der beiden Russen griff unter seine Arme und versuchte ihn heraus zu ziehen. Erich schrie vor »Schmerzen« auf und stöhnte dann vor sich hin. Die Russen ließen ihn los.

Die beiden Männer unterhielten sich auf russisch und riefen dann: »Krieg ist vorbei, Hitler ist kaputt.«

»Ich bin verwundet«, stöhnte Hartmann und zeigte auf seinen Bauch. Durch die halb geschlossenen Augenlider konnte er sehen, daß sie den Köder geschluckt hatten. Die Russen halfen ihm vorsichtig aus dem Flugzeug. Hartmann zeigte eine reife, schauspielerische Leistung. Er fiel zu Boden und schien nicht in der Lage, aufzustehen. Die Russen gingen zu dem Lastwagen zurück, holten eine alte Zeltbahn und legten den »verwundeten« Piloten darauf. Dann trugen sie ihn zu dem Lastwagen und legten ihn vorsichtig auf die Ladefläche. Die Soldaten versuchten ruhig und freundlich mit Hartmann zu sprechen, sie waren guter Laune, weil sie durch die Kämpfe der letzten Nacht einen großen Sieg errungen hatten.

Erich stöhnte weiter und hielt seinen Bauch. Ratlos und ohne Möglichkeit, den Grund dieser Schmerzen festzustellen, stiegen die Russen in den Lastwagen und fuhren Hartmann zu ihrem Gefechtsstand in ein nahegelegenes Dorf.

Ein Doktor erschien. Er konnte einige Worte deutsch und begann mit seiner Untersuchung. Jedesmal wenn er Hartmann berührte, schrie dieser laut auf. Selbst der Doktor war überzeugt. Die Soldaten brachten Hartmann etwas Obst, und er tat so als würde er essen. Dann schrie er wieder los, so als hätte das Obst in seinem Bauch neue stechende Schmerzen ausgelöst. Das Theater dauerte zwei Stunden. Dann kamen die gleichen Soldaten wieder, legten ihn auf die Zeltbahn und trugen ihn hinaus zu dem Lastwagen. Als die dann in östlicher Richtung fuhren, wußte Hartmann, daß er abhauen mußte und zwar sofort — oder daß er den Rest des Krieges in sowjetischer Gefangenschaft verbringen würde.

Er wog die Situation ab. Der Lkw war etwa 3 km in russisch besetztes Gebiet hineingefahren. Der eine Soldat fuhr, und der andere bewachte den »verletzten« deutschen Gefangenen auf der Ladefläche. Während Hartmann's Gedanken sich überschlugen, kam am westlichen Himmel das charakteristische Heulen von Stukas auf.

Die Deutschen flogen tief über sie hinweg, und der Lkw verlangsamte seine Fahrt. Die Russen wollten jederzeit in Deckung springen können. Während der Posten hinten auf dem Lkw gespannt nach oben starrte, sprang Erich auf und rannte mit der Schulter gegen den Russen. Der Posten schlug mit dem Kopf gegen die Rückwand des Fahrerhauses und fiel auf die Ladefläche. Hartmann sprang über den Pritschenschlag und rannte , so schnell er konnte, in ein neben der Straße liegendes Feld mit mannshohen Sonnenblumen.

Kaum tauchte er in ihrem Schutze unter, da zeigte das Quietschen der Lkw-Bremsen an, daß seine Flucht entdeckt worden war. Während er tiefer in die wogenden Sonnenblumen rannte und stolperte, hörte er Gewehrfeuer hinter sich. Einzelne Kugeln pfiffen an ihm vorbei.

Dann stellte er fest, daß das Gewehrfeuer ihm nicht mehr gefährlich werden konnte; trotzdem behielt er sein Tempo für fast fünf Minuten bei. Jeder Schritt zwischen ihm und seinen Exgastgebern war ein Schritt näher zur Sicherheit. Immer noch nach Luft schnappend, kam er plötzlich aus dem Meer der Sonnenblumen heraus in ein kleines Tal, eine Gegend wie im Märchen.

Bäume, saftiges Gras, bunte Wiesenblumen, ein kleiner leise dahinplätschernder Bach waren ein eigenartiger Gegensatz zu seiner Flucht auf Leben und Tod. Er warf sich ins Gras und sog die gute Luft in seine Lungen.

Allmählich konnte er wieder klarer denken und fing an, seine Lage kritisch zu werten und zu überlegen, wie er am besten zu den deutschen Linien zurückfinden könne.

Er stand auf und marschierte nach Westen. Nach dem Stand der Sonne mußte es etwa 9 Uhr sein. Eine halbe Stunde Marsch, fast angenehm an diesem Sommermorgen, brachte ihn zu einer Straße, die in ein kleines Dorf führte. Hinter einigen Büschen versteckt versuchte er, die Lage zu peilen.

Auf der anderen Straßenseite – gar nicht weit weg – sah er einige Leute, die wattierte Kittel trugen. Er beobachtete sie einige Minuten lang und sah, daß es Russen waren. Ohne Zweifel befand er sich noch auf der falschen Seite. Er folgte etwa einen Kilometer weit vorsichtig dem Verlauf der Straße bis zu einem Punkt, von dem aus er einen Hügel in der Ferne sehen konnte. Da oben waren Soldaten, die Schützenlöcher und Gräben aushoben. Das bedeutete, daß die Front nicht weit sein konnte – vielleicht auf der anderen Seite des Hügels.

Jetzt setzte bei ihm wieder das kühle, taktische Denken ein. Er unterdrückte die Versuchung, bei Tageslicht weiter zu gehen und sich um die schanzenden Russen herumzuschleichen. Die Deutschen konnten auf der anderen Seite des Hügels sein, aber er hörte kein Schießen. Darüberhinaus schienen die Russen im Verlauf des Morgens immer zahlreicher zu werden. Er fing ein Selbstgespräch an, wie er es immer tat, wenn er in Gefahr war.

»Eins steht fest, Erich. Hier kommst du am Tage nie durch, ohne daß sie dich erwischen. Gehe zurück bis zum Bach und warte, bis es dunkel ist.« Er erreichte auf dem gleichen Wege wieder die Sicherheit seines Märchentales.

Er suchte sich eine trockene Stelle in der Nähe des Baches und baute sich aus Sand und Steinen eine kleine unauffällige Deckung. Dann legte er sich hinter diesen niedrigen Schutzwall und schlief. Er wachte am späten Nachmittag wieder auf und bereitete sich darauf vor, bei Einbruch der Dunkelheit sein Lager wieder zu verlassen.

Mertens hatte am Abstellplatz gewartet, nachdem Hartmann im Morgengrauen gestartet war. Er wartete immer. Die anderen ersten Warte gingen hinein und tranken Kaffee oder saßen herum und erzählten Geschichten, bis ihre »Piloteure« wiederkamen. Mertens zog es vor, am Abstellplatz zu warten, allein. Er wandte den Blick nie lange vom Himmel ab. An diesem Morgen war der Chef nicht mit den anderen zurückgekommen. Nervös und besorgt ging er hin und her, beobachtete den Horizont im Osten und achtete auf das erste Zeichen oder Geräusch einer zurückkehrenden Me 109.

Immer verzweifelter hielt Bimmel Merten seine Wache noch Stunden nach dem Zeitpunkt aufrecht, zu dem der Kraftstoff der »Karaya 1« schon lange verbraucht sein mußte. Keiner der zurückgekehrten Piloten wußte genau, was mit Hartmann passiert war. Leutnant Puls hatte ihn mit Rauchfahne runtergehen sehen, wurde dann aber selbst von russischen Jägern angegriffen und konnte Hartmann nicht länger beobachten. Die anderen waren so beschäftigt bei dieser Kurbelei mit 80 roten Flugzeugen, daß sie gar keine Zeit hatten, sich um Hartmann zu kümmern.

Bimmel wurde immer unruhiger. Er fragte immer wieder nach, ob es etwas Neues gebe.

Immer noch keine Nachricht. Als nächstes sahen die Kameraden den ersten Wart, Feldwebel Mertens, in seinem Zelt eine Decke zusammenrollen und Verpflegung in einen Rucksack stopfen.

»Wo willst Du hin, Bimmel?«

»Ich gehe hinter die russischen Linien. Um dort meinen Chef zu finden, das ist es, wo ich hin will.«

»Du wirst erschossen, wenn sie dich erwischen.«

»Ich spreche russisch, die Leute werden mir schon helfen.«

Bimmel Mertens meldete sich nicht ab. Er hatte gar keine Erlaubnis, den Flugplatz zu verlassen. Er nahm einfach ein Gewehr und verschwand zu Fuß in Richtung Front. Wenn sein Chef noch am Leben war, würde er ihn finden und zurückbringen.

Das war das Band zwischen dem blonden Jagdflieger und seinem getreuen ersten Wart, eine Loyalität, die aus dem Herzen kam. Als der breitschultrige Mertens ihren Blicken entschwand, schüttelten die anderen ersten Warte den Kopf.

Artilleriefeuer donnerte durch die Nacht. Leuchtspur und Leuchtkugeln zogen Spuren durch den dunklen Himmel, während Hartmann in Richtung Front marschierte. Das Knattern des Gewehr- und Maschinengewehrfeuers kam näher, während er im Halbdunkel der Augustnacht dem Hügel mit den Gräben entgegenstrebte, den er am Morgen gesehen hatte. Er erreichte die Kuppe des Hügels und suchte sich vorsichtig einen Weg durch die Stellung. Auf der anderen Seite kam er in ein Tal, das mit Sonnenblumen in voller Blüte übersät war. Hartmann schlängelte sich durch die Sonnenblumen in westlicher Richtung und versuchte, sie so wenig wie möglich zu bewegen. Er legte immer wieder Pausen ein.

Nachdem er eine Stunde lang durch die Sonnenblumen gegangen war, blieb er plötzlich stehen und duckte sich. Er hatte ein Geräusch gehört.

Aus der Hocke beobachtete er eine zehnmannstarke russische Patrouille, die durch die Sonnenblumen schlich. Wahrscheinlich ein Spähtrupp, dachte er. Die würden einigermaßen wissen, wo die vorderen Stellungen lagen. Er wog die Chancen ab und entschloß sich, dem Spähtrupp zu folgen. Er hielt einen vernünftigen Abstand und folgte den hin- und herwippenden Sonnenblumen, die durch den Spähtrupp bewegt wurden. Nach wenigen Minuten hatten die Russen ihn an den Rand des Sonnenblumenfeldes geführt. Er duckte sich und beobachtete, wie die zehn Soldaten eine Wiese überquerten und dabei an zwei kleinen Häusern vorbeigingen.

Als die Russen einen Hang hinaufstolperten und einige Augenblicke lang hinter einer Baumgruppe verschwunden waren, rannte Hartmann über die Wiese und warf sich unter die Holztreppe des einen Hauses. Aus der Deckung heraus beobachtete er, wie der Spähtrupp auf dem Hügel im Dunkel verschwand. Konzentriertes MG-Feuer und einige Handgranatenexplosionen durchzuckten die Nacht. Ein Rest des Spähtrupps kam schreiend den Hügel herabgestürzt. Ihre schemenhaften Figuren verschwanden wieder im Sonnenblumenfeld. Hartmann rechnete sich seine Chance aus. Die deutschen Linien mußten auf dem nächsten Hügel verlaufen.

Er rannte den Hang hinauf, und als er sich der Kuppe des Hügels näherte, fing er an, ein deutsches Lied zu pfeifen. Er wollte nicht von einer weiteren MG-Garbe niedergemäht werden. Nach einigen Minuten stand er auf dem Hügel. Es waren keine Deutschen da, keine Stellungen, kein Lebenszeichen. Seine Schuhe stießen gegen Munitionskästen. Es war die Stelle der Schießerei, die er gehört hatte. Seiner Schätzung nach war es etwa Mitternacht.

Hartmann marschierte weiter nach Westen durch die Nacht. Zwei Stunden rutschte und stolperte er dahin und kam dann in ein anderes Tal. Er ging den westlichen Hang hinauf. Vor Hunger und Spannung fast schwindelig. In der Entfernung hörte er das dumpfe Grollen der Artillerie.

Der einzige Laut, den er hörte, war sein eigener Atem. Es war fast totenstill. »Halt!« Die Aufforderung vermischte sich mit dem Knall eines in kurzer Entfernung abgefeuerten Gewehres.

Hartmann spürte, wie die Kugel durch sein Hosenbein ging.

»Verfluchter Narr!« schrie er. »Mann Gottes, schießen Sie doch nicht auf eigene Leute.«

»Halt, wer da?«

»Verdammt noch mal, ich bin ein deutscher Jagdflieger, nicht schießen!« Keine 20 Meter entfernt stand der Posten, der ihn gottseidank nicht getroffen hatte, vor lauter Angst nicht getroffen hatte.

Als Hartmann näher herankam, konnte er sehen, daß der Kumpel im Dunkeln förmlich vor Furcht zitterte. Der hatte noch mehr Angst als er selbst.

Hartmann rief, so laut er konnte, in Richtung des Postens.

»Ich bin ein deutscher Jagdflieger, der abgeschossen wurde. Ich bin froh, daß ich wieder hier bin. Ich bin stundenlang bis hierher gelatscht. Um Gotteswillen, laßt mich durch.«

»Laßt ihn kommen.« Die scharfe Befehlstimme klang für Hartmann wie eine Erlösung.

Während er im Dunkeln den Posten anschaute, ging er vorsichtig an diesem vorbei auf die Stimme zu. Der Posten ließ ihn keine Sekunde aus den Augen. Er kam hinter ihm her und drückte ihm die Mündung seines Gewehrs in den Rücken. Hartmann spürte, wie sich Schweißperlen auf seiner Stirn bildeten. Ein Ausrutscher oder ein Stolpern im Dunkeln, und dieser Wahnsinnige würde ihm eine Kugel in den Rücken jagen.

Der Posten trieb ihn den Hügel hinauf. Er wurde in einen Graben geschoben, den die Infanteristen ausgehoben hatten. Der Leutnant, der die Einheit führte, fing an, den todmüden Hartmann zu befragen. Der konnte sich nicht ausweisen. Die Russen hatten ihm die Taschen ausgeleert. Er gab dem mißtrauischen Kameraden seinen Namen und Dienstgrad an und die ungefähre Lage, wo er am Morgen abgeschossen wurde.

Es war 2 Uhr morgens, und er konnte dem Leutnant von der Infanterie nicht verdenken, daß er vorsichtig war.

»Bitte rufen Sie meinen Geschwaderstab an.«

Der Leutnant hatte aber kein Telefon und durfte die Stellung während der Nacht nicht verlassen. Er erklärte auch den Grund für ihre Nervösität und Vorsicht.

»Vor zwei Tagen kamen sechs Mann, die alle fließend deutsch sprachen, und erzählten, daß sie entflohene Kriegsgefangene seien. Als sie die Stellungen einer benachbarten Einheit erreicht hatten, rissen sie Maschinenpistolen unter ihren Mänteln hervor und töteten und verwundeten 10 Mann.«

Hartmann machte sich Gedanken über den harten Krieg der Infanterie, während er sich niederließ, um den Rest der Nacht mit den Soldaten an der Front zu verbringen. Seine Landsleute gaben ihm etwas zu essen, und dann fiel er erschöpft in einem Deckungsloch in Schlaf.

Er wurde wach, als ihn ein Infanterist am Arm schüttelte: »Kommen Sie mit, es ist Alarm.«

Hartmann schaute auf die Leuchtziffern seiner Arbanduhr, es war 4 Uhr morgens. Er folgte dem Soldaten in einen Graben, wo ein MG in Stellung gebracht war.

Singen hörte man den Hang herauf näher kommen. Hartmann riskierte einen Blick über den Grabenrand. Schemenhaft konnte er eine Gruppe russischer Soldaten sehen, die stolpernd und wankend herankam.

Sie sahen aus, als wären sie betrunken. Sie unterhielten sich laut und lachten. Ihr Vorgehen war weder von Artillerie noch von Panzern gedeckt. Sie konnten betrunken sein, oder es konnte eine Falle sein.

Der junge Leutnant gab letzte Anweisungen an seine Leute.

»Das Feuer wird erst eröffnet, wenn ich den Befehl dazu gebe. Laßt sie kommen und so nahe herankommen, daß Ihr sie nicht verfehlen könnt.« Hartmann dachte, wie sehr die Taktik der Infanterie seiner eigenen hoch am Himmel glich.

Die Russen waren jetzt auf 20 Meter herangekommen. Sie mußten ihre Feinde jede Sekunde erkennen, betrunken oder nüchtern.

»Feuer!«

Ein Schwall von Blei und Stahl aus den Waffen des deutschen Zuges hob die Russen von den Füßen, fällte sie, wo sie standen oder ließ sie rückwärts den Hügel hinunterkollern. Betrunken, und so direkt, wie sie erwischt wurden, hatten sie keine Chance. Der ganze Spuk war in einer halben Minute vorbei. Nicht ein einziger Russe kam mit dem Leben davon.

Dies war Hartmann's erste Konfrontation mit dem Krieg der Infanterie.

Das Erlebnis hat sich tief und unauslöschlich in seine Erinnerung eingegraben.

Wenn er heute daran zurückdenkt, läuft es ihm immer noch eiskalt über den Rücken.

Nach dem Überfall begleitete ein Unteroffizier Hartmann in der ersten Morgendämmerung zum Kompaniegefechtsstand. Hier gab es Funkgerät und Telefon, und der Kompaniechef hatte bald Verbindung mit Oberstltnt. Hrabak in Kuteynikowo. Hartmann's Identität wurde bestätigt, und er wurde mit dem Wagen zu seinem Flugplatz zurückgebracht. Nachdem er Hrabak seine Geschichte erzählt hatte, machte er sich auf die Suche nach Bimmel Mertens.

Er war entsetzt, als er von der spontanen Rettungsexpedition seines ersten Wartes hörte. Bimmel war immer noch weg. Krupinski war während Hartmann's Abwesenheit aus dem Lazarett zurückgekehrt, und er erinnert sich an die Wiederkehr seines Stellvertreters.

»Der Tag, an dem ›Bubi‹ Hartmann von seinem vorübergehenden Aufenthalt hinter den Linien von russischem Gebiet zurückkam, ist mir gut im Gedächtnis geblieben. Mann, war der Junge glücklich und froh, daß er wieder da war. Aber der Schreck über dieses Erlebnis steckte ihm noch in den Gliedern.

Er hatte eine Situation überstanden, die nur wenige unserer Männer überlebt haben. Er schien in diesen paar quälenden Stunden gealtert zu sein.«

Die große Sorge wegen Mertens verflog dann am nächsten Tag. Die aufrechte, unverkennbare Gestalt von »Bimmel« kam am folgenden Morgen über den Flugplatz hinweg zurückgewandert. Dunkle Schatten umgaben Bimmels Augen, und seine Wangen waren eingefallen. Er war offensichtlich nahe am Zusammenbrechen, als er enttäuscht auf den Platz zurückkehrte. Dann sah er Hartmann. Über sein hageres Gesicht ging ein glückliches Lachen. Sein Chef war zurückgekommen. Als Hartmann ihm entgegenkam, konnte er sehen, daß er unverletzt war. Die beiden Männer schüttelten sich die Hände mit einem stillen Ausdruck jener tiefen Verbundenheit, die Menschen empfinden, die bereit sind, ihr Leben füreinander einzusetzen. Bis zum heutigen Tage sagt Mertens, daß es der glücklichste Augenblick seines Lebens war, als er Erich Hartmann nach seinem Abschuß hinter den sowjetischen Linien heil und gesund wiedersah.

Die Erfahrung Hartmann's war gleichzeitig so etwas wie eine Lehre. Das instinktive Vorspielen des Verwundeten hatte ihn ohne Zweifel vor der Gefangenschaft oder dem Tode bewahrt. Die Russen waren auf die List der vorgetäuschten inneren Verletzungen hereingefallen und hatten in ihrer Wachsamkeit nachgelassen. Das war die Chance für seine Flucht. Aus den Erfahrungen anderer Piloten, die in russische Hände gerieten, war bekannt, daß die deutschen Flieger normalerweise scharf bewacht wurden, und zwar mindestens von zwei bis drei bewaffneten Männern. Die meisten hatte man sofort nach ihrer Gefangennahme gefesselt.

Schnelles Denken ist eine der wichtigsten Fähigkeiten des erfolgreichen Jagdfliegers, und in diesem Falle trug es dazu bei, die Laufbahn von Bubi Hartmann nicht Ende August 1943 enden zu lassen, mit 90 Luftsiegen.

Die wichtigsten Lehren aus seinen Erlebnissen in russischer Gewalt machte er jedem jungen Piloten zugänglich, den er später im Kriege führte, und dann wieder, als er Kommodore des Richthofengeschwaders der neuen deutschen Luftwaffe wurde.

»Ich habe meinen Männern immer gesagt, daß sie – wenn sie irgendwo gefangen sind und die Möglichkeit zur Flucht haben – sich nur bei Nacht bewegen dürfen. Man darf sich nie am Tage zeigen. Da muß man immer damit rechnen, daß man unerwartet auf den Gegner stößt, daß man entdeckt wird, ohne die Person zu sehen, die einen entdeckt hat. Es gibt zu viele Überraschungen, die am Tage auf einen zukommen können.

Wenn man sich bei Nacht bewegt, kann man kaum überrascht werden. Die Vorteile sind auf der eigenen Seite. Wenn man in irgendeiner Sprache angerufen wird, dann hat man noch einen Augenblick Frist – genug Zeit, um in der Dunkelheit wieder zu verschwinden. In der Nacht schläft der größte Teil der Feinde. Es gibt also weniger Augenpaare und Hände, um einen aufzuhalten, deine Flucht zu entdecken oder am Abzug eines Gewehres zu spielen.

Ich hämmerte es allen Männern ein, die ich während und seit dem Kriege befehligte, daß man eine Menge Selbstdisziplin braucht, um nicht am Tage weiter zu fliehen. Das hat sich damals in meinem Gehirn eingebrannt, als ich an der trockenen Stelle bei dem kleinen Bach lag. Eile mit Weile. Warten bis zur Nacht. Die Dunkelheit ist dein Freund.«

Das erste Mal konnte Hartmann sich aus Instinkt, klarer Einschätzung der Lage und Selbstdisziplin aus den Klauen des russischen Bären befreien.

Beim zweiten Mal war er das Opfer der Abmachungen der Siegermächte, und es gab keine Möglichkeit zur Flucht. Es bedurfte 10 1/2 Jahre später wiederum einer Abmachung zwischen Regierungen, um ihn aus den Klauen des Bären zu entlassen. Diesmal war es eine Abmachung zwischen Sieger und Besiegten.

DAS EICHENLAUB

Der Krieg ist keine Lebensversicherung.

Oberst Hans Ulrich Rudel

Nachdem Hartmann im Herbst 1943 auf 150 Luftsiege gekommen war, wurde er bei Freund und Feind langsam zum Begriff. In deutschen Zeitungen erschien sein Bild öfter zusammen mit dem anderer führender Jagdflieger des JG 52. Die Russen kannten ihn zuerst als »Karaya 1«, seinem F/T Rufzeichen. Später wurde er auf der sowjetischen Seite als der »Schwarze Teufel des Südens« berüchtigt.
Die Legende vom schwarzen Teufel nahm ihren Anfang, als Hartmann die Nase seines Flugzeuges mit einem auffallenden schwarz gezackten Muster wie eine Tulpe anmalen ließ. Dies war im Kampf leichter zu erkennen, und die sowjetischen Flieger merkten schnell, daß der Pilot dieses Flugzeuges ein Gegner war, dem man besser aus dem Weg ging. Er schoß nie vorbei. So kam der namentlich nicht bekannte deutsche Pilot bei den Russen zu seinem Spitznamen.
Die Sowjets verfolgten über ihre Horchstationen den Sprechfunkverkehr der Luftwaffe, genau wie es die Deutschen bei ihren Gegnern auch taten. Der abgehörte Sprechfunk offenbarte den Russen schließlich, daß »Karaya 1« und der schwarze Teufel, den sie fürchten gelernt hatten, der gleiche Mann war.
10 000 Rubel sollen auf den Kopf des Schwarzen Teufels ausgesetzt worden sein. Dieser Anreiz und der damit verbundene Ruhm des Bezwingers erwies sich als unzureichend. Rote Jagdflieger, die mit dem auffallend bemalten Flugzeug zusammentrafen und es erkannten, verschwanden schnell und wichen dem Luftkampf aus. Hartmann's Abschußzahlen gingen zurück. Er hatte Glück, wenn er einmal angreifen konnte, bevor die feindlichen Jäger verschwanden, und jeder Schwarm, in dem er flog, hatte weniger Chancen und kam kaum zum Schuß.

it Muskeln und Köpfchen flog Ober-
utnant Josef Zwernemann.
uch von ihm hat Hartmann viel gelernt.
wernemann fiel später an der Westfront
a Luftkampf mit P-51 Mustang der
SAAF nach 126 Luftsiegen.

Günther Rall – 275 Luftsiege.
Rall war lange Zeit Hartmanns Kommandeur an der Ostfront. Hier trägt er
einen Verband, weil ihm im Luftkampf
mit Thunderbolts der USAAF über Berlin
der linke Daumen weggeschossen wurde.

usige Zeiten. Hartmann und andere Piloten bei der Reinigung ihrer Kleidung vom Ungeziefer.

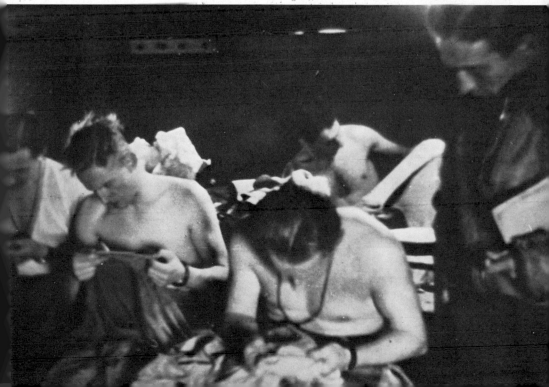

Hauptmann Alfred
Grislawski hatte Erich
Hartmann beigebracht, wo
die Stormoviks verwundbar
waren; man mußte den
Ölkühler treffen.
Grislawski erzielte 133
Abschüsse.

Hans »Assi« Hahn war
68mal erfolgreich gegen die
RAF und in 40 Luft-
kämpfen gegen die Russen.

Gerhard Barkhorn brauchte
zunächst über 100 Einsätze,
bis ihm der erste Abschuß
gelang. Mit 301 Luftsiegen
wurde er schließlich zu
einem der erfolgreichsten
Jagdflieger überhaupt.

Hartmann's erste Gegenmaßnahme war, das schwarzbemalte Flugzeug seinen unerfahrenen Rottenkameraden zu überlassen. Für diese Jungen gab es keinen besseren Schutz. Die roten Jäger ließen die Maschine mit dem schwarzen Tulpenmuster an der Nase fast immer in Ruhe. Solange sich dieses Flugzeug in der Luft befand, waren kaum rote Gegner zu finden. Hartmann beschloß, die schwarze »Tulpe« verschwinden zu lassen.

Mertens freute sich. Die hübsche Bemalung in Ordnung zu halten, war eine Extra-Arbeit für ihn gewesen, die ihm nicht besonders lag. Außerdem konnte Bimmel zählen. Er merkte auch, daß die Chancen sich verringert hatten, seitdem die Bemalung zum »Markenzeichen« geworden war. Die »schwarze Tulpe« verschwand, und für die ahnungslosen russischen Piloten wurde Hartmann nun zu einem »anonymen« Flugzeugführer in einer anderen Me 109 in einem normalen Schwarm. Die resultierende Wendung gab nicht nur Hartmann und Mertens neuen Auftrieb, sondern der ganzen Staffel. Die Luftsiege kamen wieder dicht hintereinander.

Im Januar und Februar 1944 schien Karaya 1 überall zu sein. In dieser Zeitspanne von 60 Tagen erzielte Hartmann 50 Luftsiege. Das ergab einen Durchschnitt von etwa 2 Abschüssen für jeden Flugtag. Das schlechte Wetter war ein fast so schwieriger Gegner wie die rote Luftwaffe, trotz allem, was die Deutschen von den Sowjets gelernt hatten, um mit dem Wetter fertig zu werden.

Die Deutschen waren im ersten russischen Winter unangenehm überrascht, als russische Jäger in der Morgenfrühe bei Temperaturen weit unter Null Grad über ihren Flugplätzen erschienen, während sie noch nicht einmal in der Lage waren, ihre eigenen Flugzeuge anzulassen. Als das Geschwader einen russischen Flieger gefangennahm, zeigte er ihnen, wie die russische Luftwaffe mit der typischen sowjetischen Direktheit ihre Einsatzbereitschaft bei 40 Grad unter Null aufrecht erhielt.

Er war sogar stolz darauf, etwas zu wissen, was die Deutschen vielleicht nicht wußten. Er ließ sich 2 Liter Benzin in einer Büchse geben. Dann ging er zu einer Me 109, die nicht anspringen wollte und schüttete zum Schrecken der zuschauenden Männer des JG 52 das Benzin in die Ölwanne. Die Deutschen gingen 20 Schritte zurück. Wenn der Dummkopf versuchen würde, die Zündung einzuschalten und zu starten, würde es eine Explosion geben.

Zwei Warte – etwas besorgt – begannen den Motor mit der Hand durchzudrehen, während sich der deutsche Flugzeugführer in der Kabine duckte. Nachdem sich das Benzin gut mit dem dickgewordenen Öl vermischt hatte, schaltete er die Zündung ein. Es gab keine Explosion. Der Motor sprang an, kam auf volle Touren und lief einwandrei. Der russische Flieger erklärte über einen deutschen Dolmetscher, daß sich das Öl bei Temperaturen unter Null so verdicke, daß es mit den Anlassern unmöglich sei, den Motor durchzudrehen. Das Benzin verdünne das Öl und würde sich dann verflüchtigen, sobald der Motor warmgelaufen sei. Die einzige notwendige Vorsicht bestehe darin, daß man das Öl öfters wechsle, wenn man Benzin zum Starten bei Temperaturen unter Null benutze.

Hartmann hatte auch einem anderen russischen Gefangenen zugesehen, der eine weitere Anlaßmethode bei Temperaturen unter Null vorgeführt hatte. Er erzählt: »Dieser ›Iwan‹ verlangte eine Ersatzteilwanne und ebenfalls Benzin. Bimmel und die anderen schauten zu, wie der Russe zu einer in der Nähe stehenden Me 109 marschierte und die Wanne unter dem Motor auf den Boden setzte. Er füllte die Wanne bis zum Rand mit Benzin. Dann warf er ein brennendes Streichholz hinein und sprang zurück.

Ein große lodernde Flamme züngelte an der Unterseite des »nackten« Motors des Jagdflugzeuges, denn die Abdeckbleche waren entfernt. Das Feuer brannte volle 10 Minuten.

Einer der Warte meinte, das ganze elektrische System müsse im Eimer sein – die ganze Isolation verbrannt – als die Flammen langsam ausgingen. Der Russe sagte nur: ›Anwerfen!‹ Der sofort einsetzende satte Lauf des Motors überzeugte auch die Zweifler. Man konnte Jagdflugzeuge auch bei Kälte unter Null Grad anlassen – wenn man einmal wußte wie.

Da konnten wir uns also bei der roten Luftwaffe für dieses Verfahren bedanken, das uns erlaubte, ihr nun bei ihren Einsätzen am frühen Morgen in der Luft und nicht am Boden begegnen zu können.«

Der gleiche russische Kriegsgefangene zeigte den verzweifelten Deutschen auch, wie sie ihre Waffen bei Temperaturen unter Null Grad funktionsfähig halten konnten. Den Vorschriften der Luftwaffe war zu entnehmen, daß bewegliche Teile der Waffen nach dem Reinigen vorsichtig geölt und gefettet werden mußten. Dieses Öl oder Fett wurde zähflüssig und verursachte Hemmungen – die Waffen schossen nicht. Der Russe nahm ein deutsches MG und tunkte es in ein Faß kochendes Wasser, dabei spülte er alles Fett aus der Waffe. Ohne die vorgeschriebenen Schmiermittel funktionierte das MG einwandfrei bei Temperaturen von 40 Grad unter Null.

Luftsieg	Einsatz	Datum	Zeit	Flugzeugtyp	Ort
89	295	20. 8. 1943	0530–0615	Il–2	Kuteynikowo
90	295	20. 8. 1943	0530–0615	Il–2	Kuteynikowo

(Anmerkung: Gegen 0615 am 20. August 1943 wurde Hartmann nach seinem 90. Luftsieg über sowjetischem Gebiet abgeschossen.)

91	297	15. 9. 1943	1143–1245	LaGG–5	Dnepro-Süd
92	299	18. 9. 1943	0711–0805	LaGG–5	Dnepro-Süd
93	300	18. 9. 1943	1010–1105	LaGG–5	Dnepro-Süd
94	301	18. 9. 1943	1320–1420	LaGG–5	Dnepro-Süd
95	301	18. 9. 1943	1320–1420	LaGG–5	Dnepro-Süd
96	305	19. 9. 1943	1416–1520	LaGG–5	Saporoschje
97	305	19. 9. 1943	1416–1520	LaGG–5	Saporoschje
98	308	20. 9. 1943	1305–1350	LaGG–5	Dnepro-Süd
99	308	20. 9. 1943	1305–1350	LaGG–5	Dnepro-Süd
100	309	20. 9. 1943	1512–1610	Airacobra	Dnepro-Süd
101	309	20. 9. 1943	1512–1610	LaGG–5	Dnepro-Süd
102	314	25. 9. 1943	0725–0825	LaGG–5	Nowo-Saporoschje
103	315	25. 9. 1943	1200–1305	LaGG–5	Nowo-Saporoschje
104	316	25. 9. 1943	1550–1650	LaGG–5	Nowo-Saporoschje
105	317	26. 9. 1943	0635–0738	LaGG–5	Nowo-Saporoschje
106	317	26. 9. 1943	0635–0738	Airacobra	Nowo-Saporoschje
107	318	26. 9. 1943	0930–1035	Airacobra	Nowo-Saporoschje
108	321	27. 9. 1943	1145–1245	LaGG–5	Nowo-Saporoschje
109	321	27. 9. 1943	1145–1245	LaGG–5	Nowo-Saporoschje
110	324	28. 9. 1943	1615–1710	LaGG–5	Saporoschje
111	325	29. 9. 1943	0635–0735	LaGG–5	Saporoschje
112	326	29. 9. 1943	0837–0940	Airacobra	Saporoschje
113	330	30. 9. 1943	0643–0715	LaGG–5	Saporoschje
114	332	30. 9. 1943	1353–1445	Airacobra	Saporoschje
115	333	30. 9. 1943	1620–1710	Airacobra	Saporoschje
116	334	1. 10. 1943	1200–1255	LaGG–5	Saporoschje
117	334	1. 10. 1943	1200–1255	LaGG–5	Nowo-Saporoschje
118	337	2. 10. 1943	0820–0925	LaGG–5	Nowo-Saporoschje
119	337	2. 10. 1943	0820–0925	Pe–2	Nowo-Saporoschje
120	338	2. 10. 1943	1110–1210	Airacobra	Nowo-Saporoschje
121	339	2. 10. 1943	1335–1425	LaGG–5	Nowo-Saporoschje
122	340	3. 10. 1943	0930–1030	LaGG–5	Nowo-Saporoschje
123	342	3. 10. 1943	1525–1630	LaGG–5	Nowo-Saporoschje
124	343	4. 10. 1943	0645–0740	Airacobra	Nowo-Saporoschje
125	348	11. 10. 1943	1240–1400	LaGG–5	Nowo-Saporoschje
126	349	12. 10. 1943	0650–0745	LaGG–5	Nowo-Saporoschje
127	349	12. 10. 1943	0650–0745	LaGG–5	Nowo-Saporoschje
128	349	12. 10. 1943	0650–0745	LaGG–5	Nowo-Saporoschje
129	351	12. 10. 1943	1415–1515	LaGG–5	Nowo-Saporoschje

Luftsieg	Einsatz	Datum	Zeit	Flugzeugtyp	Ort
130	353	13. 10. 1943	0955–1055	LaGG–5	Saporoschje
131	355	14. 10. 1943	0740–0835	LaGG–5	Saporoschje
132	355	14. 10. 1943	0740–0835	LaGG–5	Saporoschje
133	357	14. 10. 1943	1505–1555	LaGG–5	Saporoschje
134	359	15. 10. 1943	0835–0925	LaGG–5	Saporoschje
135	359	15. 10. 1943	0835–0925	LaGG–5	Saporoschje
136	360	15. 10. 1943	1100–1200	LaGG–5	Nowo-Saporoschje
137	366	20. 10. 1943	0630–0705	Airacobra	Kirowograd
138	366	20. 10. 1943	0630–0705	Airacobra	Kirowograd
139	368	20. 10. 1943	1420–1505	Airacobra	Kirowograd
140	369	21.10. 1943	0720–0740	LaGG–7	Beresowka
141	376	24. 10. 1943	1355–1450	LaGG–7	Nowo-Saporoschje
142	376	24. 10. 1943	1355–1450	LaGG–7	Nowo-Saporoschje
143	377	25. 10. 1943	0920–1020	Pe–2	Nowo-Saporoschje
144	379	25. 10. 1943	1500–1545	LaGG–7	Nowo-Saporoschje
145	380	26. 10. 1943	0740–0840	Airacobra	Nowo-Saporoschje
146	380	26. 10. 1943	0740–0840	Airacobra	Nowo-Saporoschje
147	385	29. 10. 1943	0825–0910	LaGG–7	Kirowograd
148	386	29. 10. 1943	1020–1120	Airacobra	Kirowograd
149	387	7. 12. 1943	1305–1405	LaGG–7	Apostolowo
150	391	13. 12. 1943	0923–1020	LaGG–7	Apostolowo

Hier hört Hartmann's Gefechtslogbuch auf, das sicher in Deutschland aufbewahrt wird. Sein zweites Gefechtslogbuch, das Eintragungen über die übrige Zeit seiner Kriegslaufbahn enthält, wurde ihm am letzten Kriegstage von einem Amerikaner oder Tschechen abgenommen und wird von den Autoren dringend gesucht.
Von diesem Zeitpunkt an wurden Hartmann's Luftsiege den Unterlagen der III./JG 52 und Briefen entnommen, die er an seine Braut geschrieben hat.

151–153	15. 12. 1943				
154–156	18. 12. 1943				
157–159	20. 12. 1943				
160	3. 1. 1944				
161	6. 1. 1944			Airacobra	Kirowograd
162	6. 1. 1944			Airacobra	Kirowograd
163–165	9. 1. 1944				
166–168	16. 1. 1944				
169–172	17. 1. 1944				
173–176	23. 1. 1944			4 LaGG–7	Nowo-Krasnoje
177	24. 1. 1944			LaGG–7	Nowo-Krasnoje
178–183	30. 1. 1944				
184–185	31. 1. 1944				
186–190	1. 2. 1944				
191	3. 2. 1944				
192	4. 2. 1944			Airacobra	Nowo-Krasnoje
	22. 2. 1944			(Bruch bei Landung in Uman)	

Luftsieg	Einsatz Datum	Zeit	Flugzeugtyp	Ort
193–202	2. 3. 1944	(zehn Luftsiege an einem Tag)		Kirowograd
203	23. 4. 1944			Sewastopol
204–205	25. 4. 1944			
206–207	26. 4. 1944			Kolomea
208	3. 5. 1944			Krim/Chersonez
209	4. 5. 1944			Krim/Chersonez
210–215	5. 5. 1944			
216–221	7. 5. 1944			
222–223	8. 5. 1944	(nach dem zweiten Luftsieg an diesem Tage landete Hartmann und nahm zwei Mechaniker im Rumpf seiner Me 109 mit und zog sich von der Krim zurück)		
224–225	21. 5. 1944		2 Mustangs	Bukarest
226–228	29. 5. 1944		3 LaGG–7	Roman
229–231	31. 5. 1944		3 Airacobras	Roman
232–237	1. 6. 1944		4 Mustangs	Ploesti
238–239	2. 6. 1944			
240–243	3. 6. 1944			
244–250	4. 6. 1944		4 Jak–9 3 JL–2 (248–250)	Bobruisk
251–256	5. 6. 1944			
257–261	6. 6. 1944			
262–266	24. 6. 1944			
267–274	25. 6.–19. 8. 1944			
275–276	20. 8. 1944			
277	21. 8. 1944			
278–282	22. 8. 1944	5 Jäger		
283–290	23. 8. 1944			
291–301	24. 8. 1944	darunter 3 Pe–2 2 Jak–9 1 Airacobra (300.)		Baranow
302–306	27. 10. 1944			
307	8. 11. 1944			
308–309	8. 11. 1944			
310–311	12. 11. 1944			
312–313	15. 11. 1944			
314–315	16. 11. 1944			
316	21. 11. 1944			
317–322	22. 11. 1944			
323–327	23. 11. 1944			
328–331	24. 11. 1944	darunter 1 Boston und 1 Il–2		
332	5. 2. 1945			
333–346	6. 2.–27. 2. 1945			
347	16. 3. 1945			
348	10. 4. 1945	Mitchell		
349	11. 4. 1945	Jak–3		

Luftsieg Einsatz	Datum	Zeit	Flugzeugtyp	Ort
350	17. 4. 1945		Jak–9	
351	?			
352	8. 5. 1945	0830–0920	Jak–11	Brünn

Hartmann's 352. Luftsieg wurde bei seinem 1404. Einsatzflug und seinem 825. Luftkampf erzielt.

Von Erich Hartmann während des 2. Weltkrieges geflogene Flugzeugtypen:

Bücker Bü 131	Junkers F 13
Focke Wulf Fw 44	Junkers W 33
Klemm Kl 35	Bücker Bü 133
Arado Ar 66	North American NAA 64
Focke Wulf Fw 58	Arado Ar 96
Focke Wulf Fw 56	Fieseler Fi 153
Heinkel He 46	Klemm Kl 25
Junkers W 34	Morane C-445
Heinkel He 51	Messerschmitt Bf 108 (Me 108 „Taifun")
Heinkel He 50	Messerschmitt Bf 109 B, C, D, E, F, G
	Messerschmitt Me 262 (Düsenjagdflugzeug)

Im Einsatz geflogene Typen:
Messerschmitt Bf 109 G-7, G-10, G-14, H-16 und Bf 109 K-4

Verlegungen der III. / JG 52 in der Zeit vom 1. 12. 1942 bis zum 1. 6. 1944*

Von	bis	Flugplatz oder Ort *
1. 12. 42–	4. 1. 43	Soldatskaja
5. 1. 43–	10. 1. 43	Mineralnji Wody
11. 1. 43–	22. 1. 43	Armavir
22. 1. 43–	7. 2. 43	Rostow
8. 2. 43–	14. 3. 43	Nikolajew
15. 3. 43–	31. 3. 43	Kertsch IV
1. 4. 43–	2. 7. 43	Taman
3. 7. 43–	13. 7. 43	Ugrim
14. 7. 43–	19. 7. 43	Orel
20. 7. 43–	2. 8. 43	Iwanowka
3. 8. 43–	5. 8. 43	Warwarovka
6. 8. 43–	12. 8. 43	Charkow-Rogan
13. 8. 43–	13. 8. 43	Charkow-Süd
14. 8. 43–	18. 8. 43	Peretschepino

Von	bis	Flugplatz oder Ort *
19. 8. 43	–23. 8. 43	Kuteynikowo
24. 8. 43	– 1. 9. 43	Makejewka
2. 9. 43	– 5. 9. 43	Stalino-Nord
6. 9. 43	– 7. 9. 43	Grischino
8. 9. 43	– 8. 9. 43	Boguslaw
8. 9. 43	–23. 9. 43	Dnepropetrowsk
24. 9. 43	–15. 10. 43	Nowo-Saporoschje
16. 10. 43	–18. 10. 43	Malaja Beresowka bei Alexandria
19. 10. 43	–31. 10. 43	Kirowograd
1. 11. 43	– 6. 1. 44	Apostolowo
7. 1. 44	– 9. 1. 44	Malaja Wiski
10. 1. 44	–22. 2. 44	Nowo Krasnoje
23. 2. 44	– 6. 3. 44	Uman
7. 3. 44	– 7. 3. 44	Kalinowky
8. 3. 44	–11. 3. 44	Winniza-Ost
12. 3. 44	–23. 3. 44	Proskurow
24. 3. 44	–24. 3. 44	Kamenez Podolsk
25. 3. 44	–26. 3. 44	Kolomea
27. 3. 44	– 5. 4. 44	Lemberg
6. 4. 44	– 9. 4. 44	Roman
10. 4. 44	–10. 5. 44	Krim Chersonez
11. 5. 44	–17. 5. 44	Zarnesti
18. 5. 44	–31. 5. 44	Roman

* Die Zusammenstellung zeigt, wo der Stab der III./JG 52 lag. Da die III. Gruppe aus 3 Staffeln bestand, war es notwendig, für jede einzelne einen anderen, einige Kilometer entfernten Flugplatz zu belegen. Diese außerhalb liegenden Flugplätze sind in der Liste nicht berücksichtigt. Bei Durchsicht der oben wiedergegebenen Liste ist zu erkennen, daß die III. Gruppe ein kaum zu bewältigendes Nachschubproblem hatte, um die ständig verlegenden Einsatzeinheiten ausreichend zu versorgen.

Alle aufgeführten Flugplätze liegen in der Ukraine bzw. im Kaukasus.

* Die Ortsnamen entstammen dem Tagebuch der III./JG 52; die Schreibweise entspricht dieser Unterlage.

Militärischer Werdegang und Standorte:

Erster Standort nach Einberufung: Fliegerregiment 10 Neukuhren, Ostpreußen (bei Königsberg) 1. Oktober 1940

Aufstellung der Standorte im zeitlichen Ablauf:

1. Oktober 1940: 10. Fliegerregiment Neukuhren
1. März 1941: Luftkriegsschule LKS 2, Berlin-Gatow
1. November 1941: Jagdfliegervorschule 2, Lachen-Speyerdorf
1. März 1942: Jagdfliegervorschule 2, Zerbst-Anhalt
20. August 1942: Jagdergänzungsgruppe Ost, Gleiwitz/Oberschlesien

10. Oktober 1942: 7./JG 52, Ostfront

2. September 1943 Staffelkapitän 9./JG 52, Ostfront

1. Oktober 1944: Staffelkapitän 6./JG 52, Ostfront

1. November 1944: Gruppenkommandeur I./JG 52, Ostfront

1. März 1945: Umschulung auf Me 262 Düsenjäger in Lechfeld

25. März 1945: Gruppenkommandeur I./JG 52.

Datum der Beförderung zum Leutnant: 31. März 1942

Ort der Beförderung: Jagdfliegerschule 2, Zerbst

Zeitlicher Ablauf der Beförderungen:

Oberleutnant: 1. Juli 1944

Hauptmann: 1. September 1944

Major: 8. Mai 1945

Oberstleutnant: 12. Dezember 1960

Oberst: 26. Juli 1967

Tag der Verleihung des Ritterkreuzes: 29. Oktober 1943

Tag der Verleihung des Eichenlaubes zum Ritterkreuz: 2. März 1944

Tag der Verleihung des Ritterkreuzes mit Eichenlaub und Schwertern:
    4. Juli 1944

Tag der Verleihung des Ritterkreuzes mit Eichenlaub und Schwertern
    und Brillanten: 25. August 1944.

**Die fesselnde Geschichte eines unserer berühmtesten Jagd-
geschwader im zweiten Weltkrieg**

Hans Ring/Werner Girbig

Jagdgeschwader 27

352 Seiten, 96 Abb., Leinen DM 26.—

Weltreisende in Sachen Krieg . . .

das waren die Angehörigen des Jagdgeschwaders 27. Ihre Zelte standen in der
Wüste Nordafrikas, in russischen Wäl-
dern und in Griechenland. Es gibt keine
Front des zweiten Weltkrieges, über die
nicht die schnittigen Jagdmaschinen des
Geschwaders ihre Kondensstreifen gezo-
gen hätten.

Dieses Buch verfolgt den Weg des Geschwaders von der Aufstellung bei Kriegs-
ausbruch bis zur Kapitulation. Noch einmal
passieren die großen Namen Revue, die
für immer mit der Luftkriegsgeschichte verbunden sind: Hans-Joachim Marseille, Werner Schoer, „Fifi" Stahlschmidt, Gustav
Rödel, Otto Schulz, Major Schellmann,
Joachim Kirschner, Heinz Bartels und viele
weitere dieses berühmten Jagdgeschwaders.

„Jagdgeschwader 27" von Hans Ring und
Werner Girbig ist der erste Band einer
neuen Reihe über die Geschichte berühmter Jagdgeschwader.

MOTORBUCH VERLAG STUTTGART